Ernst Steinmann

Botticelli

Ernst Steinmann

Botticelli

ISBN/EAN: 9783743307223

Hergestellt in Europa, USA, Kanada, Australien, Japan

Cover: Foto ©ninafisch / pixelio.de

Manufactured and distributed by brebook publishing software
(www.brebook.com)

Ernst Steinmann

Botticelli

Botticelli

Liebhaber-Ausgaben

Künstler-Monographien

In Verbindung mit Andern herausgegeben

von

H. Knackfuß

XXIV

Botticelli

Bielefeld und Leipzig

Verlag von Velhagen & Klasing

1897

Botticelli

Von

Ernst Steinmann

Mit 90 Abbildungen nach Gemälden und Zeichnungen

Bielefeld und Leipzig
Verlag von Velhagen & Klasing
1897

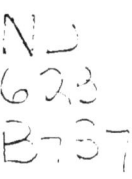 Von diesem Werke ist für Liebhaber und Freunde besonders luxuriös ausgestatteter Bücher außer der vorliegenden Ausgabe

eine numerierte Ausgabe

veranstaltet, von der nur 50 Exemplare auf Extra-Kunstdruckpapier hergestellt sind. Jedes Exemplar ist in der Presse sorgfältig numeriert (von 1—50) und in einen reichen Ganzlederband gebunden. Der Preis eines solchen Exemplars beträgt 20 M. Ein Nachdruck dieser Ausgabe, auf welche jede Buchhandlung Bestellungen annimmt, wird nicht veranstaltet.

Die Verlagshandlung.

Druck von Fischer & Wittig in Leipzig.

Selbstporträt Botticellis.

(Aus der Bestrafung der Rotte Korah in der Sixtinischen Kapelle.)   Nach einer Photographie von Anderson, Rom.)

Sandro Botticelli.

I.

Unter den zahlreichen Bildnissen, in welchen die ältere und neuere Forschung Sandro Botticellis Züge zu entdecken glaubte, ist jener Mann im roten Mantel und schwarzer Kappe in der Brancacci-kapelle zu Florenz, der als der äußerste unter den Zuschauern an Filippinos Kreuzigung Petri teilnimmt, durch Vasaris Zeugnis urkundlich am besten beglaubigt. Aber der scharfe Profilkopf, in welchem der Schüler pietätvoll die Züge des Meisters festhielt, hat durch die zerstörende Hand der Jahrhunderte so arg gelitten, daß es heute fast abstoßend wirkt und die dringende Frage nach einem anderen Bilde erweckt, das Botticellis Gestalt und Antlitz treuer und lebendiger bewahrt hat. Vielleicht erfüllt das Selbstporträt des Künstlers in der Sixtinischen Kapelle zu Rom am ersten jegliche Erwartung und entspricht überdies am meisten dem Bilde, das von ihm die Phantasie in uns geschaffen hat. Auf dem Fresko „die Bestrafung der Rotte Korah" sehen wir den Meister in der Vollkraft künstlerischen Schaffens, er ist nur wenig älter wie auf dem Tafelbild im Berliner Museum, in dem man ebenfalls ein Selbstporträt erkennen darf. Der jugendliche Künstler erscheint in einfach schwarzer Malertracht, mitten zwischen den in Sammet und Scharlach gekleideten Kirchenfürsten, die sein bedeutungsvolles Fresko zieren. Unter der dunklen Kappe quillt das schlichte braune Haar weit über die Stirn hervor, der Kopf ist ein wenig nach vorn gebeugt, und die Augen blicken scharf zur Seite, als böte

sich ihnen ein besonderes Schauspiel dar. Die regelmäßigen Linien, der edelgeformte Mund, die klugen, etwas schwermütig blickenden Augen verleihen dieser Physiognomie denselben gewinnenden Zauber, denselben melancholischen Reiz, der uns in den vielen Porträts des jugendlichen Raffael so sehr entzückt.

Immerhin gibt solches Bildnis hochwillkommene Aufschlüsse über den Charakter eines Mannes, der unsere ganze Teilnahme in Anspruch nimmt, von dessen köstlich ausgefülltem Leben so viele Meisterwerke zeugen und dessen äußeren Verlauf wir doch nur mühsam an den unzuverlässigen Nachrichten Vasaris, an der Hand kategorisch kurzer Angaben eines Anonymus und einiger weniger Dokumente verfolgen können. Die sorglose Heiterkeit einer echten Künstlerseele mag sich uns aus diesen Zügen mitteilen, es kündet sich aber auch jetzt schon jener merkwürdige Hang zum Träumen an, der dem Italiener sonst so unbekannt, daß ihm selbst in der Sprache der Ausdruck dafür fehlt, und der doch in späteren Jahren so mächtig wurde, daß er den genialen Künstler die Sorge um die irdischen Dinge völlig vergessen ließ.

Das Schicksal hat den Sohn Mariano Filippepis niemals über die engen Grenzen bescheiden bürgerlicher Verhältnisse hinausgerückt; die Tage Raffaels und Michelangelos waren noch nicht gekommen, wo die Künstler mit den ersten Männern ihrer Zeit auf den Höhen des Lebens wandelten. Mußte sich doch Alessandro oder kürzer

Sandro Botticelli noch in späteren Jahren einmal von einem erzürnten Freunde sagen lassen, daß er nichts gelernt habe, kaum zu lesen verstehe und sich sein Lebenlang vergeblich abmühen werde, den Dante zu kommentieren. Wer hätte auch eines Lohgerbers Kind, den jüngsten von vier Söhnen, mit den reichen Geistesschätzen Italiens vertraut gemacht, wer hätte ihn methodisch in die vornehme humanistische Bildung eingeführt, deren Wesen er doch in seinen köstlichsten Schöpfungen mit wunderbarer künstlerischer Intuition zum Ausdruck brachte?

Der Knabe hatte im Jahre 1447 das Licht der Welt erblickt; er ist in früher Jugend nicht weniger ungern zur Schule gegangen wie fast alle seine Brüder in der Kunst bis auf den großen Michelangelo. Lesen und Schreiben wurde ihm je länger

Abb. 1. Fortezza. Florenz, Uffizien.
Nach einer Photographie von Giacomo Brogi, Florenz.

desto mehr zur Qual, und als der mit seinen Gedanken immer abschweifende Knabe in keiner Schule mehr gut thun wollte, gab ihn der verzweifelte Vater endlich zu einem Goldschmied in die Schule. Aber der kleine Sandro wollte Maler werden, und erst als man ihn zu Fra Filippo del Carmine in die Lehre gethan, war sein ruheloser Geist befriedigt. Er widmete sich mit ganzer Seele der neuen Kunst, erwarb sich dadurch seines berühmten Meisters Zuneigung und hatte es, wie Vasari sich ausdrückt, bald viel weiter gebracht, als man jemals von ihm erwartet hätte.

Übrigens hat die gemütvolle Art des in Kunst und Leben gleich frohsinnigen Fra Filippo die reiche Phantasie des jungen Sandro keineswegs völlig ausgefüllt. Die kraftvollen Züge Verrocchios finden wir in seinen früheren Madonnenbildern ausgeprägt, und in der männlich schönen „Fortezza" (Abb. 1) in den Uffizien, der ersten selbständigen Arbeit, die Vasari erwähnt, verstand er es aufs beste, sich dem Stil der Brüder Pollajuolo anzupassen, die für das Handelsgericht in Florenz die sechs übrigen Kardinaltugenden gearbeitet haben.

Die prächtig erhaltene Allegorie der Tapferkeit thront, in reiche kriegerische Gewänder gehüllt, mit beiden Händen das schimmernde Scepter haltend, auf hochlehnigem Sessel. Das herrliche Weib hat nichts mehr von der herben Strenge, in welche die ältere Kunst diese unglaublich verbreiteten allegorischen Darstellungen kleidete, auch keins mehr der ungefügen Attribute ihrer Kraft eines erlegten Löwen oder einer Keule, die sie drohend emporhielt: aber es geht ein wunderbarer Rhythmus durch die mächtigen Glieder der kriegerischen Gestalt, in deren menschlich schönen Zügen neben allen fremden Einflüssen sich doch schon die Eigenart Botticellis geltend macht in der Grazie der Bewegung, in dem träumerischen Blick des leicht gesenkten Auges.

Die beiden kleinen Judithbilder in den Uffizien, welche einst das Studio der berüchtigten Bianca Capello zierten, und des heiligen Sebastian in Berlin gehören ebenfalls noch der Zeit an, in welcher Botticelli fremde Einflüsse bald von der einen, bald von der anderen Seite in sich aufnahm. „Judith heimkehrend nach vollbrachter That" (Abb. 2) ist ein Bildchen von be-

Abb. 2. Judith von der Ermordung des Holofernes zurückkehrend. Florenz, Uffizien.
Nach einer Photographie von Giacomo Brogi, Florenz.

zaubernder Naivetät, wohlerhalten und überdies von einer wunderbar zarten Färbung. In der Rechten das Schwert, in der Linken den Ölzweig tragend, kehrt die siegreiche Heldin erhobenen Hauptes, eiligen Schrittes in das Lager ihres Volks zurück. Eine leise Wehmut spricht aus ihrem jugendschönen, stark an Verrocchio erinnernden Antlitz, während die wacker ausschreitende Dienerin das Haupt des getöteten Feindes in irdener Schüssel mit einem Gleichmut auf dem Kopfe trägt, als wenn es ein Fruchtkorb oder ein Wasserkrug wäre. Das zweite Bild (Abb. 3), in düsteren, volltönenden Farben gemalt, schildert die Auffindung des toten Holofernes durch seine Krieger und erweckt vor allem deswegen unser Interesse, weil Botticelli sich hier zum erstenmal, wenn auch in kleinen Verhältnissen, an eine größere Komposition gewagt hat. Gewiß hat er die Schwierigkeiten, welche eine gefällige Anordnung, eine weise Unterordnung des Nebensächlichen unter das Hauptmoment verursachen mußte, keineswegs überwunden, aber der packende Ausdruck, den Schmerz, Entsetzen, Mitleid, Rachegefühl in den gedrängten Physiognomien der Krieger gefunden haben, erregt Bewunderung.

Der heilige Sebastian (Abb. 5), welcher

Abb. 3. Auffindung des Holofernes. Florenz, Uffizien.
(Nach einer Photographie von Giacomo Brogi, Florenz.)

wahrscheinlich im Jahre 1473 für S. Maria Maggiore in Florenz gemalt wurde, steht in der Modellierung des nackten Körpers so stark unter dem Einfluß des Antonio Pollajuolo, daß er einmal sogar seinen Namen getragen hat; in dem lockenumschatteten schwermütigen Jünglingskopf fühlt man sich dagegen an Verrocchios ausdrucksvolle Knabenköpfe erinnert. Jedenfalls aber hat Botticelli in diesem Jugendwerk die Naturwahrheit der Schönheit zum Opfer gebracht, denn von den Schmerzen, die

ihm seine sechs Pfeile verursachen müssen, ist in Antlitz und Gebärden des Heiligen nichts zu lesen, als ein letzter holdverklärter Wiederklang.

Früheren Ursprungs noch, wie die Fortitudo, die Judithbilder und der heilige Sebastian des Meisters, sind einige Madonnenbilder, in denen sich der Prozeß seines allmählichen Freiwerdens von fremden Einflüssen am deutlichsten verfolgen läßt. Teilt doch Botticelli mit Leonardo, Raffael und Michelangelo die Eigentümlichkeit, daß das

Abb. 1. Madonna. Florenz. Palazzo Corsini.
Nach einer Photographie von Gebr. Alinari, Florenz.

Madonnenbild einen der Haupt
charakterzüge seiner Kunst enthüllt:
ja wir dürfen sagen, daß er in der
Schilderung des zarten Verhältnisses
Marias zu ihrem Kinde mehr als
irgendwo sonst persönliches Empfin-
den, unendlichen Gedankenreichtum
und frisch gestaltende Schöpferkraft
offenbart.

Neben der vielseitigen ästhe-
tischen Würdigung, welche vor allem
die Kunst der Renaissance erfahren
hat, ist ein anderes, viel bedeut-
sameres Stück ihres Wesens arg ver-
nachlässigt worden. Daß die Kunst
ihre Heimat im Himmel hat, daß
sie als Priesterin der Religion so
groß geworden ist, die mit heiligen
Händen das Bild des Göttlichen
auf die Erde trug, ist niemals nach-
drücklich genug betont worden. Und
doch war das Heiligen- und Madonnenbild das unerschöpfte Thema
künstlerischer Gestaltung länger als
ein Jahrtausend, ein schlagendes
Zeugnis für das mächtige Bedürfnis der Menschheit, das Übersinn-
liche sinnlich zu gestalten. Und weil
Marias ewige Weiblichkeit die Herzen
der Gläubigen mächtiger anzog als
der ernste Typus des leidenden Erlösers, als Gottvaters unerfaßliche
Erscheinung, so ist es vor allem
das Madonnenbild gewesen, welches
Legionen von Künstlern zu allen
Zeiten bald menschlicher bald göttlicher zu gestalten versuchten, und
gerade die größten Meister der Renaissance, sogar der herbe Michelangelo, haben die ganze Kraft ihres
Genius auf dies ewig alte Thema
verwandt, das Raffael in jener
strahlenden Vision, die wir die Six-
tinische Madonna nennen, zur höchsten, herrlichsten Vollendung führte.

Der Umstand, daß Botticelli nur
ein einziges seiner zahllosen Tafelbilder mit Namen und Jahreszahl
bezeichnet hat, mag unsere Achtung
vor der unbewußten Größe seiner
Künstlernatur erhöhen, die chrono-
logische Anordnung seiner Werke hat
er durch den freiwilligen Verzicht
auf allen Nachruhm wesentlich er-

Abb. 5. Der heilige Sebastian.
Berlin. Museum.
(Nach einer Photographie von Franz Hanfstängl, München.)

Abb. 6. Madonna. Florenz. Spital der Innocenti.
(Nach einer Photographie von Gebr. Alinari, Florenz.)

schwert. Der mächtige Einfluß, welchen Fra Filippo noch in den Madonnenbildern im Palazzo Corsini (Abb. 4) und im Spital der Innocenti in Florenz auf den jungen Sandro ausübt, läßt uns die Erstlingswerke erraten. Im Madonnenbild der Innocenti (Abb. 6) folgte der Schüler in der Anordnung dem berühmten Gemälde seines Meisters in den Uffizien (Abb. 7). Das Christkind, welches von Engelhänden zu der im Profil dargestellten Mutter emporgehoben wird, ist das beidemal wiederkehrende Motiv, aber wenn sich schon hier in der Zeichnung der Hände, in der Bildung der liebenswürdigen Kinderköpfe der Jünger dem Meister überlegen zeigt, so hat er vor allem in der menschlich schönen Auffassung der Gottesmutter die Richtung angedeutet, die er bewußt oder unbewußt in seinen Marienbildern mit Nachdruck verfolgt hat. Die Madonna hat die gefalteten Hände nicht mehr anbetend zu dem Kinde erhoben, dessen Liebesbedürfnis bei Fra Filippo unerhört geblieben ist, wenn auch zagend, als fürchte sie, das Heilige zu berühren, hat sie den Knaben umfaßt, eins der ersten anmutigen Jesuskinder, welche die Kunst geschaffen hat.

Die Marienbilder im Louvre (Abb. 8)

Abb. 7. Fra Filippo. Madonna. Florenz. Uffizien.
(Nach einer Photographie von Gebr. Alinari, Florenz.)

in Paris, im Museo Poldi-Pezzoli (Abb. 9) in Mailand setzen diese Stimmung fort, verraten beide noch die bezaubernde jugendliche Befangenheit und lassen wiederum erkennen, wie eigenartig und innerlich Botticelli seine Aufgabe erfaßt hat. Der Knabe verlangt immer dringender die Zärtlichkeit der Mutter, und Maria lernt es immer mehr, die Scheu vor dem Göttlichen überwindend, dem Kinde die reine Glut ihrer Liebe zu offenbaren. Aber von all den süßen Freuden heimlichen Mutterglückes weiß sie nichts, ein ahnungsvolles Vorgefühl kommenden Wehs umschattet ihre Seele, und in stummem Schmerz hat sie im Mailänder Bilde den Blick auf Dornenkranz und Nägel gerichtet, welche das Kindlein ahnungslos und spielend trägt.

Die derbere Auffassung Verrocchios im Gegensatz zu der zarteren Empfindung Fra Filippos offenbart sich in einer Gruppe von Madonnenbildern, die der Künstler ebenfalls in jüngeren Jahren schuf, wo er schwankend bald dem einen, bald dem anderen seiner Lehrmeister größeren oder geringeren Einfluß auf seine Werke gestattete. In den Madonnenbildern in S. Maria Nuova (Abb. 10) in Florenz, im Palazzo Chigi in Rom (Abb. 13), im Nationalmuseum in Neapel (Abb. 11), um nur die besten zu nennen, behält Botticelli zwar das keineswegs

sonderlich geschickte Kompositionsschema des
Fra Filippo bei, aber in der Bildung der Ge-
sichtstypen der Mutter, des Kindes und der

Chor von Spoleto die Himmelfahrt Mariä
zu malen, wird da nicht sein neunzehnjäh-
riger Gehilfe einen anderen Leitstern gesucht

Abb. 8. Madonna. Paris. Louvre.

Engel ist er hier rückhaltlos dem Verrocchio
gefolgt. Verließ doch Fra Filippo schon im
Jahre 1466 Florenz für immer, um im

haben, der seinem Genius die rechte Bahn
gewiesen hätte? In der That sind die
hohe Stirn, die schweren Augenlider, die

mächtig gewölbten Brauen, der breite Nasen=
rücken, wie sie dieser ganzen Gruppe der
Madonnen Botticellis eigen, zugleich charak
teristische Merkmale der ernsten Frauen=
gestalten Verrocchios, dessen treuherzig derbe
Kinder mit den prächtigen Ringellocken der

weißen Schleiertuches, im seelenvollen Aus=
druck der Maria die Reise eines völlig selb
ständigen Künstlers, und doch gibt sich der
mächtige Einfluß Verrocchios selbst in der
reizenden Landschaft kund, die den Hinter=
grund des Bildes ausfüllt.

Abb. 9. Madonna. Mailand. Museo Poldi=Pezzoli.

Schüler Fra Filippos ebenso nachzubilden
versuchte. Hat sich aber Botticelli vom Ein=
fluß eines so bedeutenden Mannes, wie es
Verrocchio gewesen, ohne weiteres freimachen
können? Gewiß nicht! Das Madonnenbild
in Neapel verrät in der reichen Fältelung
des gürtellosen Gewandes, des blendend

Merkwürdiger noch äußert sich der Kampf
der erlernten Formensprache mit dem eige=
nen immer stärker erwachenden Gefühls=
leben in der Madonna beim Fürsten Chigi,
eine der eigenartigsten, liebreizendsten Ma=
riengestalten der jüngeren Jahre. Ein
lockiger mit frischem Grün bekränzter Knabe

Abb. 10. Madonna. Florenz. S. Maria Nuova.
Nach einer Photographie von Gebr. Alinari, Florenz.

bietet der Mutter und dem Kinde eine
Schüssel mit Trauben und Ähren dar, die
der kleine bequem im Schoß der Mutter
ruhende Jesus freundlich segnet, während
Maria der Ähren eine erfaßt hat. Brot
und Wein, das Symbol des Todesopfers
Christi, das Maria willig annimmt, zu
welchen das Christkind segnend seine Zu
sage gibt   wer hätte je einen so ernsten
Gedanken in eine so anmutige Form ge=
kleidet?

Während in den Kindertypen Verrocchios
Einfluß unverkennbar ist, während in der
Maria Fra Filippos naives Madonnenideal

anklingt, ist die Erfindung ebenso originell
wie die Stimmung geheimnisvoll, ernst und
Gedanken anregend. Hat der Künstler in
dieser seltsam ergreifenden Schöpfung den
entscheidenden Moment im Seelenleben
Marias und ihres Kindes zum Ausdruck
bringen wollen, in dem es galt das Ver=
hängnis anzunehmen oder zu verleugnen?

Unverkennbare Spuren der charakter=
vollen Kunst des großen Lehrers Leonardos
finden sich endlich auch noch in dem arg
übermalten Madonnenbilde in der Floren=
tiner Akademie (Abb. 12), wo in der Durch=
bildung der Charaktere, in Komposition und

Abb. 11. Madonna. Neapel. Museum.

Perspektive der Schüler sich zum erstenmal als Meister offenbart. Das Bild ist eine jener „heiligen Konversationen," wie sie das Quattrocento liebte; die thronende Gottesmutter hat männliche und weibliche Heilige um sich versammelt, und vor den Stufen des Thrones knieen in anbetender Haltung die Schutzheiligen des Hauses Medici S. Cosmas und Damianus.

Die reinste Verkörperung des Madonnenideals seiner jüngeren Jahre aber hat Botticelli in der Madonna des Magnificats in den Uffizien (Abb. 14) niedergelegt; es ist das berühmteste seiner Andachtsbilder überhaupt, das immer stumme Bewunderer um sich versammelt hat. Von Fra Filippo, von Verrocchio findet sich nichts mehr in diesem Bilde, in dem sich Botticellis Genius so reich an innerem Gehalt, so glänzend in Form und Farbe offenbart hat. Maria (Abb. 15) und ihr Kind sind nicht mehr überirdische Wesen, die unsere Gebete gnädig entgegennehmen, sie sind Menschen geworden unter uns, Menschen edelster Abstammung, von vollendeter Schönheit des Leibes und der Seele, aber darum Fremdlinge unter ihren Brüdern. Wir möchten ihre Geschichte erforschen, ihre Schönheit ergründen, ihre Schmerzen teilen, aber wir wagen es nicht, die mit lauten Tönen unserer Liebe zu grüßen, die uns

so unendlich liebenswert erscheinen. Wir
können auch nicht beten, aber wir freuen
uns aus der Ferne der heiligen Schönheit
Marias, der süßen Anmut des von göttlichem
Geiste beseelten Kindes. Sind nicht die
Engelscharen (Abb. 16), die sich den beiden in
holder Neugier nahen, die menschgewordene
Gottheit zu schauen, der Magd des Herrn

glänzen die Fleischteile, so zart sind die
einzelnen Töne verschmolzen. Gewiß, der
Künstler selbst scheint an diesem Gemälde
besonderes Gefallen gefunden zu haben,
darum verwandte er, der alten Gold-
schmiedsgewohnheiten eingedenk, so große
Sorgfalt auf die langen goldenen Locken
Marias und der Engel, auf die fein-

Abb. 12. Madonna mit Heiligen. Florenz. Akademie.
(Nach einer Photographie von Giacomo Brogi, Florenz.)

in Demut zu dienen, die Himmelskönigin
zu krönen, allein berechtigt, sich dem Heiligen
zu nahen? Hat doch erst Botticellis Kunst
diese rührend schönen Wesen geschaffen, die
so sinnig und innig, so voll sehnsuchtsvoller
Hingabe und zarter Zurückhaltung der
Madonna ihre Dienste weihen. Auch in
der Technik ist dies Bild allen früheren
Leistungen überlegen, man meint, der
Künstler habe die bevorzugte Temperatechnik
aufgegeben, so prächtig schimmern die
blauen und roten Farben, so durchsichtig

gemusterten Stoffe, auf die zierlichen Gold-
säume, das bunte Kopftuch und den feinen
durchsichtigen Schleier der Jungfrau.

Bezeichnet das Magnifikat in den Uffizien den Höhepunkt dessen, was der ge-
reiste Künstler in seinen besten Jahren in
der Schilderung des intimen Marienlebens
geleistet hat, so ist das Madonnenbild mit
Johannes dem Täufer und Johannes dem
Evangelisten im Berliner Museum (Abb. 17),
welches einst die Cappella Bardi in San
Spirito schmückte, vielleicht das erste Altar-

Abb. 13. Madonna. Rom. Galerie des Fürsten Chigi.
Mit Erlaubnis des Herrn Domenico Anderson.)

2

.

bild gewesen, wo er seine ureigene, von jedem fremden Einfluß befreite Kraft an eine große Aufgabe wagen konnte. Natur und Kunst schufen ein Paradies auf Erden, der Mutter Gottes und den ernsten Heiligen, die ihren Thron bewachen sollten, eine würdige Stätte zu bereiten. Eine Palmentaube wölbt sich über dem Haupt der Jungfrau, Oliven und Cypressen erheben sich über den Thorwächtern und rings duftet es von Rosen und Lilien und unzähligen Blumen, die den Boden bedecken. Maria ernst, schön und gedankenvoll, ist im Begriff, dem zappelnden Kleinen die Brust zu reichen, aber das Gefühl ihrer Würde drängt die Affekte der Mutter zurück. Die beiden Johannes, Gestalten voll herben Charakters und harter Lebenserfahrung, meinen, sie müßten ihr Recht beweisen, an den Stufen dieses Thrones erscheinen zu dürfen, darum weist der eine mit der Hand auf die Schriftrolle des Agnus Dei und der andere hält das geöffnete Buch, die erhobene Feder, als wäre er noch beschäftigt, sein Evangelium von der Liebe niederzuschreiben. Als Andachtsbild hat Botticelli selbst in späteren Jahren kein Gemälde wieder geschaffen, das die Seele so ruhig stimmt, so freundlich die irdisch gerichteten Sinne zum Himmlischen hinüberlenkt, als die Madonna der Palmen, die wir im Geist in eine der dämmernden Seitenkapellen von S. Spirito zurückversetzen müssen, um ihre Wirkung völlig zu begreifen.

Welch' ein Ungestüm der Bewegung, welch' eine verhaltene Leidenschaft offenbart dagegen die Himmelfahrt Mariä, einst in der Kirche von San Marco, heute in der

Abb. 11. Das Magnifikat. Florenz. Uffizien.
(Nach einer Photographie von Anderson, Rom.)

2*

Akademie von Florenz! (Abb. 18.) Manche Einzelheiten lassen erkennen, daß dies Gemälde gleichzeitig mit dem Madonnenbilde

Dom von Spoleto, die Farben haben noch nicht die tiefe Glut wie z. B. in der thronenden Maria, gleichfalls in der Akademie,

Abb. 15. Kopf der Madonna aus dem Magnifikat.
(Nach einer Photographie von Giacomo Brogi, Florenz.)

in Berlin noch vor der Romfahrt des Künstlers im Jahre 1481 entstanden ist. Die Zeichnung der Hauptgruppe erinnert stark an Fra Filippos Krönung der Maria im

aber auch nicht jene kalte Trübung wie die Verkündigung in den Uffizien, ein Bild aus Botticellis letzter Zeit. Überdies ist der obere Teil des Gemäldes, an eine alte

Tradition sich anlehnend, noch auf Gold-
grund gemalt, während sich Botticelli in
den unten auf grüner Wiese erscheinen-
den Heiligengestalten noch nicht so deutlich
als jener Meister der Perspektive offenbart,
der Schutzpatron der Schmiede, ein ehr-
würdiger Sanguiniens! Man findet in
diesen vier Männern die vier Temperamente
wieder, und ein jeder unter ihnen nimmt
an dem großen himmlischen Ereignis in

Abb. 16. Engelgruppe aus dem Magnifikat.
(Nach einer Photographie von Giacomo Brogi, Florenz.)

als welchen ihn seine Zeitgenossen rühmten.
Aber wie klar ist schon hier der Charakter
jedes der vier Männer erfaßt, der mächtig
erregte Evangelist der Liebe, der behaglich
schreibende Augustin, der heilige Hieronymus,
der mit dem Blick unaussprechlicher Sehnsucht
die Vision erschaut, und endlich St. Eligius,
der Weise teil, wie es seinem Naturell
entspricht. In blau und rotem Cherubs-
kranze erscheinen dort oben Gottvater und
die Jungfrau, beide von der Flamme hei-
ligster Begeisterung verzehrt. Maria ganz
Demut und Dankbarkeit im Empfangen der
Himmelskrone, Gottvater fast zornig in

Abb. 17. Thronende Madonna mit den beiden Johannes. Berlin. Museum.
Nach einer Photographie von Franz Hanfstängl in München.)

seiner übermächtigen Willensäußerung, wie
er sie ihr aufs Haupt setzt. Die Glut
ihrer Begeisterung hat sich auch auf die
Engel mitgeteilt, die in unaufhaltsam vor=
wärts drängendem Reigen die Mittelgruppe
umringen. Sie flattern und springen, sie
tanzen und fliegen in mächtigem Jubel
durch die Lüfte. Nichts vermag den stür=
mischen Flug ihrer Bewegung zu hemmen,
der Himmel scheint von ihnen erfüllt, und
die, welche am Reigen nicht teilnehmen,
schütten unzählige Rosen zu den Füßen der
Himmelskönigin aus.

Bei der Schilderung eines Künstler=
lebens, das in der Stille verlief und von
äußeren Erfolgen niemals den ihm gebüh=
renden Anteil erhalten hat, das aber inner
lich wunderbar klar und folgerichtig sich
entwickelte, unendlich reich und fruchtbar
sich gestaltet hat, wird man den wenigen
überlieferten historischen Daten geringe Auf=
merksamkeit schenken, aber den psycholo=
gischen Prozeß des verborgenen Werdens,
Blühens und Absterbens mit Teilnahme
verfolgen. Es fördert uns nur wenig im
Verständnis Botticellis, wenn wir hören,
daß ihm im Oktober 1482 mit Domenico
Ghirlandajo zusammen die Ausmalung der
Sala dell' Udienza im Palazzo Pubblico
übertragen wurde, daß seine Kunst zusam=
men mit demselben Meister im Jahre 1491
für den Mosaikschmuck der Zenobiuskapelle

Abb. 18. Krönung Marias. Florenz. Akademie.

des Florentiner Doms in Anspruch ge=
nommen werden sollte, da er beide Arbeiten
niemals ausgeführt zu haben scheint: aber
wir verfolgen mit Spannung die Phasen
seiner inneren Entwickelung, und wir fragen

Es ist eine Thatsache, daß die glän
zendste Epoche der Regierung des Mag=
nifico, eben weil sie in der Antike ihre
Ideale suchte und fand, der religiösen Kunst
wenig förderlich gewesen ist. Überdies fällt

Abb. 19. Madonna. London. Nationalgalerie.

voller Erwarten, wie wird sich das Haupt=
thema seiner episodenreichen Kunst, das
Madonnenbild, im erregten Kampf entgegen=
gesetzter Geistesströmungen, dessen Schau=
platz Florenz am Ausgang des Quattro=
cento gewesen, weiterentwickeln und endlich
abschließend gestalten?

in diese Jahre Botticellis Aufenthalt in
Rom, er malte ebenfalls wahrscheinlich
damals die scheinbar sehr umfangreichen
Fresken in der Villa Lemmi bei Florenz
und er wurde endlich selbst so tief in die
humanistischen Ideenkreise eingeweiht, daß
eine Zeitlang statt der keuschen Maria die

Liebesgöttin der Hellenen seine Phantasie erfüllte, deren reizendes Bild er in einigen seiner farben- und formenfrohesten Schöpfungen festzuhalten versucht hat.

Da brach im Anfang der neunziger Jahre eine verheerende Windsbraut, ein vernichtendes Hagelwetter herein über die randola, eine der glänzendsten Erscheinungen im glänzenden Kreise des Magnifico, daß sich ihm die Haare sträubten, daß er an allen Gliedern zitterte, als eine der erschütternden Predigten des Dominikaners über ihn erging. Und Lorenzo Violi, der die Predigten Savonarolas in der Kirche

Abb. 20. Madonna aus der Casa Canigiani. Wien. Akademie.

üppigen Blumen, die lachenden Früchte, welche die Renaissance auf moderndem Boden ausgesäet hatte. Im Jahre 1491 begann Savonarola seine Predigten im Florentiner Dom! Wir kennen mehr als einen Augenzeugen, der von dem gewaltigen Eindruck berichtet, den die Stimme des Bußpredigers bei seinen zahllosen Zuhörern hervorrief. Erzählt doch Pico della Mi- nachschrieb, unterbricht sich und schreibt: „Hier konnte ich nicht mehr schreiben, so überwand mich die Süßigkeit seiner Rede", und am Schluß der berühmten Karfreitagspredigt vom Jahre 1494 macht er dasselbe Geständnis und fügt hinzu: „So groß war der Schmerz und das Schluchzen, das mich überkam." Was wunder, daß die Rede und das Beispiel des gewaltigen Mannes,

Abb. 21. Madonna mit Engel und Giovannino. Turin. Gemäldegalerie.

der nicht müde wurde, dringender und immer dringender das üppige Florenz zur Buße zu rufen, das Bild der Stadt in wenig Monaten völlig umgestaltete? Ja, als am letzten Karnevalstage des Jahres 1497 auf mächtig aufgetürmter Pyramide die herrlichsten Kunstschätze, Gemälde, Statuen, Miniaturen dem Feuer übergeben wurden unter den lauten Lobgesängen der einmütig begeisterten Jugend von ganz Florenz, da schien es einen Augenblick, als müsse die wunderbare Kultur der Renaissance für immer in die Tiefe sinken, die, ob sie gleich furchtbare Nachtseiten verbirgt, doch immer einen der Höhepunkte in der Geschichte der Menschheit bezeichnen wird. Aber die Geschichtsforschung hat den großen Mönch von San Marco längst von dem Vorwurf freigesprochen, die schönste Kunstblüte, welche die Welt seit der Griechen Tagen gesehen, vernichtet zu haben. Gewiß, er griff auf der einen Seite hemmend in ihre Entwickelung ein, aber welch einen reichen Gedankenstrom hat er ihr andererseits nicht zugeführt! Wie Savonarola Jahre hindurch jung und alt, arm und reich, vornehm und gering durch das Feuer seiner hinreißenden Beredsamkeit wie durch einen Bann gefesselt hielt, so konnte ein nachhaltiger Eindruck auf die Florentiner Künstlerschar gewiß nicht ausbleiben. Vasari berichtet in der That, daß unter anderen Luca della Robblia, Lorenzo di Credi, Fra Bartolomeo, Sandro Botticelli, ja endlich auch Michelangelo seine eifrigsten Anhänger gewesen sind, und sie haben alle mehr oder minder Gedanken ihres gewaltigen Lehrers in ihren Werken zum Ausdruck gebracht. Daß Botticelli sich wie so viele andere eine Zeitlang ganz in den politischen Wirren jener Tage verlor, dürfen wir Vasari glauben, aber sicherlich war er falsch berichtet, wenn er erzählt, Botticelli habe nach seiner Berührung mit Savonarola eigentlich nichts mehr geleistet. Im Gegenteil! Wie Michelangelo sein gedankenvolles Madonnenideal aus den Predigten Savonarolas geschöpft hat, so können wir uns die seelenvollen, von tiefer Empfindung getragenen Marienbilder Sandros nur unter dem Einfluß desselben Mannes entstanden vorstellen, der so viel von der Mutterliebe Marias, ihrer bangen, ahnungsvollen Seele, ihrem prophetischen Blick in die Zukunft zu erzählen wußte. Während jedoch sich bei Michelangelo die Schilderung der rein menschlichen Beziehungen zwischen Mutter und Kind niemals ganz im düsteren Ernst seiner Darstellungsweise verloren hat, hat der ebenso gemütvolle, aber weniger willensstarke Botticelli die Ideale seiner Jugend fast vergessen, er ist unter dem Eindruck der Predigten des Mönches von San Marco mit Vorliebe zum Andachtsbild zurückgekehrt. Aber auch wo er dem eigenen Naturell treu bleibt und wie in jüngeren Jahren Mutter und Kind in traulicher Gemeinschaft schildert, Liebe suchend und empfangend, allein miteinander in der weiten Welt, oder von schüchternen Engeln behütet und verehrt, denen sich hier und da der Giovannino zugesellt hat, da überrascht uns die stürmische Innigkeit, die verhaltene Glut einer leidenschaftlichen Liebe, mit welcher Maria das Christkind umarmt. Und doch ist sie nicht glücklich, die Schatten des Todes umdüstern das Licht der Freude, den stillen Gram der Mutter kann auch die tröstende Liebe des Jesusknaben nicht verdrängen. Man vergleiche das Madonnenbild der Londoner Nationalgalerie, (Abb. 19) mit dem erwähnten Madonnenbild im Louvre, und man erfaßt mit einem Blick, wie wunderbar sich unter Savonarolas Einfluß das Marienbild Botticellis beseelt und verinnerlicht hat. Wie bei allen späteren Werken des Meisters ist die Komposition centraler geworden, doch ist der Vorwurf fast derselbe: Maria, die das Kind, welches in ihrem Schoße steht, umarmt. Aber wie das Liebebedürfnis des Kindes unendlich viel dringender geworden ist, so äußert auch die Mutter die innigste Zärtlichkeit. Über den Reiz jugendlicher Anmut, der uns im Louvre entzückte, hat sich der Schleier

Abb. 22. Madonna del Passeggio. Florenz. Palazzo Pitti.
(Nach einer Photographie von Giacomo Brogi, Florenz.)

tiefer Traurigkeit herabgesenkt, aber Marias Seele ist erwacht.

In den stillen Zauberkreis eines weltvergessenen Traumlebens führen uns auch die Rundbilder der Wiener Akademie (Abb. 20), der Gemäldegalerie in Turin danken wollen nicht weichen, sie äußert wohl Liebe und Dank, aber keine Freude, und sie sieht nicht die große Frage in dem enttäuschten Blick der rührenden Unschuld: warum bist du nicht froh? Auch die Engel, die sich wie immer in scheuer Zurückhaltung

Abb. 23. Madonna mit den vielen Engeln. Berlin. Museum.
(Nach einer Photographie von Franz Hanfstängl in München.)

und endlich die heilige Familie im Palazzo Pitti. Das Motiv des ersten Bildes ist äußerst glücklich erfunden. Zwei Engel haben dem Christkind Rosen gepflückt und bieten ihm die Gabe dar. Der Knabe sammelte eifrig die Blumen aus der Schürze eines der Engel in sein Hemdchen, nun kehrt er glücklich zur Mutter zurück, ihr den Schatz zu bringen. Aber ach, die trüben Ge-

nahten, haben den Schmerz der Madonna bemerkt, und sie ahnen den Grund: „Sieh, wie traurig sie ist," flüstert der jüngere dem älteren zu, der den blonden Lockenkopf gesenkt hat und in Gedanken versunken die mit Rosen gefüllte Schürze noch immer offen hält.

Das Rundbild in Turin (Abb. 21) greift auf das alte Thema der Mutter, die das Kind säugt, zurück. Der Giovannino und ein Engel haben sich in stummer Verehrung genaht, aber Maria achtet ihrer nicht; sie

wir fühlen, daß ihre Seele sich in heißem Flehen zu Gott erhebt.

Das Bild mit den lebensgroßen Figuren

Abb. 21. Thronende Madonna mit Heiligen. Florenz. Akademie.

ist betend auf die Kniee gesunken und drückt das Kind, das durstig an ihrem Busen saugt, in heißer, fast leidenschaftlicher Liebe an das Herz; ihr Blick ist gesenkt, die Lippen sind geschlossen, aber

im Palazzo Pitti (Abb. 22), eine Vorahnung von Raffaels Madonna del Passeggio, bringt wiederum ein neues Motiv. Der kleine Johannes begegnete der einsam wandelnden Madonna in einem Rosenhag und bat, das

Kind zur Begrüßung küssen zu dürfen. Maria konnte den Wunsch nicht versagen und ließ den Knaben herab, den der Giovannino mit stürmischer Innigkeit umschlingt. Er ist das liebenswürdigste Wesen in diesem Bilde, denn Maria und Jesus scheinen nur mechanisch einer äußeren Notwendigkeit zu gehorchen, nehmen den Liebesbeweis des Knaben so kalt und gramversunken entgegen, daß man ein großes Nachlassen der künstlerischen Kraft bemerkt, wenn überhaupt die malerische Ausführung des Bildes dem Meister selber zuerkannt werden darf.

„Was soll ich von der Mutterliebe Marias zu ihrem Kinde, was soll ich von ihr selber sagen? In der Schrift findet sich nur wenig über sie, und der heilige Geist, der sie gemacht hat, hat vieles der Betrachtung dessen überlassen, der sich mit Hingebung in sie versenkt," so begann Savonarola eine seiner Marienpredigten, in welcher er die Madonna als Prophetin schildert, wie sie gedankenvoll einherging und voll trüber Erwartung der Zukunft entgegensah. Botticelli, der Piagnone, griff solche Worte auf, sie wurden ihm Gesetz. Und niemals vor ihm hat sich ein Künstler so selbstvergessen in das Wesen der Gottesmutter versenkt, niemals wieder so unermüdlich neue sinnige Züge erfunden, die dem Gläubigen die Jungfrau bald menschlich nahe bringen, bald ihm die göttliche in nie erreichter Ferne zeigen und seine Andacht und Verehrung wecken müssen. Unter dem Einfluß Savonarolas scheint dem Künstler selbst das Bild Marias in überirdische Sphären entrückt zu sein, er wagt es kaum, die Geheimnisse ihres Mutterschmerzes, ihrer Mutterliebe zu berühren, und das Andachtsbild gewinnt mehr und mehr Raum in seiner bilderreichen Phantasie.

Aus dieser Schaffensperiode des Künstlers stammen nun vor allem die thronende Madonna in der Florentiner Akademie, ein Tondo in den Uffizien, ein anderes im Palazzo Chigi in Rom und endlich, obwohl an ihrer äußersten Grenze entstanden, jene Geburt Christi in der Nationalgalerie in London, welche durch die Bezeichnung mit Namen und Jahreszahl ein einzigartiges Interesse gewinnt. Es entstanden aber auch in den neunziger Jahren eine Menge Werkstattbilder, welche, wie so viele spätere Madonnen Raffaels, zwar in der Zeichnung und hier und da in der malerischen Ausführung die Hand des Meisters erkennen lassen, aber sonst vorwiegend Schülerhänden überlassen werden mußten, weil es dem Meister nicht

Abb. 25. Studie eines Engels zur thronenden Madonna.
Florenz. Akademie.

mehr möglich war, den immer mehr sich häufenden Aufträgen zu genügen. Das große Madonnenbild mit den kerzentragenden Engeln im Berliner Museum, die Rund= bilder in der Villa Borghese in Rom, im Palazzo Corsini in Florenz gehören zu den besten Gemälden dieser weit verbreiteten Kategorie, ja sie haben noch so viel von Botticellis Geist bewahrt, daß sie noch heute selbst bei Kennern als ganz eigenhändige Arbeiten gelten.

Fast allen diesen Bildern ist es eigen, daß sich das Christkind mit segnend er= hobener Rechten an eine andächtige Menge wendet, während auf Maria tiefer und tiefer die lastende Schwere eines unentrinn= baren Verhängnisses herabzusinken scheint.

Allerdings hat man bisher einen Teil dieser Bilder fast um ein Jahrzehnt früher angesetzt: wer aber unserem Künstler eine folgerichtige Entwickelung zugestehen will, wer ihn auch unter dem Einfluß Savona= rolas noch großer Künstlerthaten fähig er= klärt, wer sein nimmerrastendes Streben nach Vertiefung des Ausdrucks, nach der Schilderung eines Seelenzustandes aner= kennen will, der wird dem Mönch von San Marco einen bedeutsamen Anteil an der Gestaltung des Madonnenideals Botti= cellis nicht absprechen wollen, der ihm ohne Zweifel zukommt. Hat man es doch immer mit Recht der Wirkung seiner erschütternden Predigten zugeschrieben, daß die Profan= kunst in der Renaissance stets eine Episode

geblieben ist, daß Maria mit den Heiligen=
scharen siegreich ihre Herrschaft über die
Götter Griechenlands behauptet hat.

Besonderes Interesse wecken in der thro=
nenden Madonna in Berlin (Abb. 23) die
sieben sie umringenden leuchtertragenden
Engel, die sicherlich in Komposition und Zeich=

den sieben apokalyptischen Leuchtern begleitet
sein, und Botticelli hat ihn so dargestellt
in seiner berühmten Illustration des Dante,
die das Berliner Kupferstichkabinett unter
seinen größten Schätzen bewahrt.

Vergine madre figlia del tuo figlio —
Jungfrau, Mutter, Tochter deines Sohnes

Abb. 27. Drei Engelsköpfe aus dem Rundbild in den Uffizien.
(Nach einer Photographie von Giacomo Brogi, Florenz.)

nung von Botticelli selbst erfunden wurden.
Ein ähnlicher Gedanke kehrt sonst in den
Marienbildern des Meisters niemals wieder,
er ist beachtenswert, weil er uns lehrt,
wie tief Botticelli in der kirchlichen Tradi=
tion stand, die durch die sieben Leuchter
die sieben Gaben des heiligen Geistes sym=
bolisierte. Auch Dante läßt den Sieges=
wagen der Kirche im Purgatorium von

— lautet die Inschrift auf der obersten
Thronstufe der Madonna, die Botticelli
für das Kloster des heiligen Barnabas
malte und die heute in der Akademie zu
Florenz bewahrt wird (Abb. 24). Die Worte
sind dem dreiunddreißigsten Gesang aus
Dantes Paradies entnommen und es scheint,
daß auch die wunderbare Charakteristik der
Jungfrau im folgenden Verse:

Umile ed alta più che creatura*) für die ganze Schilderung maßgebend geworden ist. Das Kolossalgemälde, das übrigens hier und da durch Restauration gelitten hat, ist überall mit der gleichen Sorgfalt durchgeführt und technisch eines der vollendetsten Bilder, die Botticelli geschaffen hat. Wie frei erhebt sich der Thron der Madonna in dem kunstvoll vertieften Raum, wie ungezwungen können sich die Heiligengestalten auf dem breiten Platz vor der Thron-Nische bewegen! Es ist eine er-

göttlichen Geheimnisse erforschen zu wollen, so ist der schwarzbärtige Barnabas gegenüber im Begriff, sie mitzuteilen, und St. Ambrosius schreibt sie voll tiefer Bewegung in sein Buch. Nur die reizend naive heilige Katharina hat in der Nähe des Göttlichen ihre jungfräuliche Unbefangenheit bewahrt: ihr verleiht die Schönheit das Recht, unter diesen ernsten Männern zu erscheinen, und was ihr an Tiefe der Gedanken fehlt, ersetzt sie durch die Fähigkeit echt weiblichen Empfindens, die man in ihren Zügen lesen

Abb. 28. Federzeichnung zur Anbetung des Kindes. Florenz. Uffizien.

lesene Gesellschaft heiliger Männer und Frauen, die sich um die Jungfrau geschart hat, gleich als wollten sie aus ihrer Nähe alles Unheilige fernhalten, aber die Gebete der Gläubigen freundlich der Gnadenreichen übermitteln. Ein Bild düsterer Askese ist S. Giovanni und neben ihm steht, als Urbild aller Jugendschönheit, der heilige Michael; aber zwischen beiden erscheint, die herben Gegensätze der Jugend gleichsam versöhnend, das freundliche Alter, der weißbärtige andächtig zu Boden blickende Augustin. Scheint er in tiefe Gedanken versunken, die

kann. Während alle diese Heiligen als Menschen geschildert werden, die aus dem Forschen noch nicht zum Schauen hindurchgedrungen sind, nehmen die unbeschreiblich schönen, in lichte, buntfarbige Gewänder gekleideten Engel an den Gedanken und Empfindungen der Jungfrau teil. Wohl sind auch sie nur dienende Geister, aber sie erfüllen ihre Pflichten mit dem heiligen Feuer der Begeisterung und mit der Demut, die sich nie genügt. Dornenkranz und Nägel halten zwei dem Christkind entgegen, während zwei andere bemüht sind, die dunkelroten Vorhänge an den Wänden zu befestigen (Abb. 25). Maria bemerkt von dem, was um sie vorgeht, nichts, fast mechanisch

*) Demütig und erhaben mehr als jede andere Kreatur.

hält sie das segnende Kind im Arm und blickt, in schmerzliche Gedanken verloren, mit großen Augen aus dem Bilde heraus. Unter Sammet und Purpur thronend, von Engeln liebevoll bedient, von allen Heiligen demütig verehrt, kann sie doch nicht froh werden, und ihre stille Trauer hat sich ihrem Knaben mitgeteilt! Wie wirkungs- voll ist der Kontrast, wie tief empfunden und wie packend durchgeführt. Demütig und erhaben in der That mehr als jede andere Kreatur erscheint hier die Jungfrau, aber auch seufzend unter der lastenden Schwere ihres Schicksals:

With the burden of an honour
Unto which she was not born.

Der Ort der Handlung führt uns an die Stufen eines Königsthrons und zwischen den erlesenen festlich geschmückten Gestalten, die ihn umgeben, thront eine zagende Frau mit einem nackten Knäblein im Arm, die Botticelli überdies nach dem schroff ge- äußerten Gebot Savonarolas in die schlich- ten Gewänder einer Matrone gekleidet hat. Hat im „Magnifikat" das Madonnen- ideal des jugendlichen Botticelli die reinste Verklärung gefunden, so muß endlich jede Kri- tik verstummen vor dem Rundbild (Abb. 26), Maria von sechs Engeln umgeben, das in den Uffizien in prächtigem hellblauen Original- rahmen mit goldenen Lilien geziert, dem Magnifikat gerade gegenüber hängt. Es ist ein Meisterstück in der Kompo- sition, wohlthuend in der gedämpften, wie- wohl etwas trüben Färbung, mit bewußtem Verzicht auf bestechende Einzelheiten durch- geführt. Auch Botticelli liebte, wie so viele Künstler mit ihm in seiner Jugend, „die bunten Farben;" aber hier begegnen wir — vielleicht zum erstenmal — dem Be- streben, die Töne harmonisch zu stimmen, eine gleichmäßig ruhige Farbenwirkung zu erzielen, dem mit Schärfe betonten einheit- lichen Gedanken des Bildes auch äußerlich Nachdruck zu verleihen. So völlig ist dies Gemälde über Ort und Zeit hinausgehoben, daß man nicht einmal weiß, ob die Scene im Himmel oder auf Erden vor sich geht. Aus dem geöffneten Himmel dringen durch den lichtblauen Äther goldene Strahlen auf Mutter und Kind hernieder, die mehr als je den ganzen Jammer der Menschheit auf sich lasten fühlen.

Das melancholische Christkind greift mit der Linken nach dem Granatapfel, den ihm Maria hinhält, und die Rechte hat es segnend erhoben; es ruht gar weich gebettet in der Mutter Schoß, der Schmerzensreichen, deren stummes Weh nicht beweglicher zu uns reden konnte, deren Herzeleid sich auch den Engeln mitgeteilt hat, die sich flüsternd und fragend so eng um sie gedrängt haben, als gelte es schon jetzt, die Jungfrau vor schmerzhafter äußerer Berührung zu schützen (Abb. 27). Ja, es ist die einsame, von den Menschen mit Hohn und Spott überschüttete Frau, von der Savonarola so ergreifend zu erzählen wußte, deren Herz Tag und Nacht wie eine Mühle die Weissagungen des Propheten bewegte, in zitternder Erwartung des Kom- menden, in qualvollem Vorempfinden eines unabwendbaren Verhängnisses.

Die im Jahre 1500 gemalte Geburt Christi in der Nationalgalerie zu London fällt gegenständlich aus dem Rahmen der Madonnendarstellung im engeren Sinne heraus: als merkwürdigstes Zeugnis, wie fest und tief die Erinnerung an Savonarola in Botticellis Seele wurzelte, muß sie den Schlußstein dieser Betrachtung bilden. Auch in jüngeren Jahren hatte der Künstler die Anbetung der Hirten z. B. in einem Rund- bild dargestellt, das früher Lord Dudley in London besaß, aber niemals hatte er bis dahin die phantastischen Gebilde seiner Phantasie mit der durch die Jahrhunderte geheiligten Form einer biblischen Darstellung zu verbinden gewagt. Eine Zeichnung in den Uffizien (Abb. 28) zur Hauptgruppe ist beach- tenswert, weil sie uns lehrt, daß Botticelli sich im Ausdruck nie genug thun konnte, daß er, auch wenn in der Zeichnung der Ge- danke schon völlig klar gefaßt war, in der Ausführung noch unablässig nach tieferer Ge- staltung, nach einer ganz vollendeten Wieder- gabe dessen rang, was ihn innerlich erfüllte (Abb. 29). So sehen wir den mürrischen alten Joseph, welcher im Entwurf eben erst zu nicken beginnt, im Bilde von hinten, wie er völlig in sich zusammengesunken ist und schläft; das nackte Knäblein aber streckt Hände und Füße ungeduldig nach der Mutter verlangend empor, die, dem mensch- lichen Bedürfnis nach Schlaf weniger Rech- nung tragend wie Joseph, wachend die Weihnachtsnacht in stiller Anbetung mit ihrem Kinde verbringt. Rechts und links

Abb. 29. Anbetung des Kindes. London. Nationalgalerie.
(Nach einer Photographie von Braun, Clément & Cie. in Dornach i. E., Paris und New York.)

knieen in gemessener Entfernung, von
Engeln auf das wunderbare Ereignis hin=
gewiesen, die Könige und die Hirten,
alle mit Olivenzweigen bekränzt. Die
Weisen aus dem Morgenlande erscheinen,
wie auch auf der unvollendeten Anbetung
in den Uffizien, ohne die Abzeichen ihrer
königlichen Würde, aber als Personifikationen
der drei Lebensalter hat sie auch Botticelli
nach uraltem Brauch geschildert. Auf dem
Strohdach der Hütte knieen drei Engel und
singen tiefandächtig das Gloria in excelsis;
sie tragen mächtige Ölbaumzweige wie ihre
Gefährten, welche oben in den Lüften in
stürmischem Jubel einen Reigen tanzen.
Selbst die Bewegung der Engel, welche
die Krönung Marias umtanzen, scheint
noch gedämpft im Vergleich zu der un=
widerstehlichen Gewalt — als gälte es, die
verzehrende Glut der inneren Begeisterung
zu kühlen —, mit welcher es hier die Heer=
scharen des Himmels vorwärts treibt. Er
innerte sich der Künstler jener Karnevals=
tage der Jahre 1496 und 1497, als die
Knaben und Mädchen der Stadt in zügel=
losem Taumel zu früh entfesselter Leiden=
schaft die Scheiterhaufen umzingelten, auf
denen die üppigen Schätze einer hohen
Kultur dem Gedanken der Alleinherrschaft
Christi über Florenz zum Opfer gebracht
wurden, jenem Endziel aller Predigten
Savonarolas, das er nach der Anbringung
der Inschrift über dem Eingang des Palazzo
Vecchio: „Jesus Christus Rex populi fioren=
tini" erreicht zu haben schien? Dann haben
wir hier nicht nur ein lautredendes Zeug=
nis mehr von der thätigen Anteilnahme
Botticellis an den wechselnden Ereignissen
jener sturmbewegten Tage, sondern auch
von der tiefen Eindrucksfähigkeit des Künst=
lers, in dessen Werken wir auch sonst noch
ein Abbild der Zeit wie in einem Spiegel
schauen. In der Darstellung am Fuße
des Bildes hat dann endlich der Sohn
seinem geistigen Vater ein Denkmal der
Dankbarkeit gesetzt. Hier begrüßen drei
Engel mit Kuß und Umarmung drei oliven=
bekränzte Dominikaner, während einige
Teufelchen, die an den Seelen dieser Hei=
ligen keinen Anteil haben, verstört in den
Felsspalten eine Zuflucht suchen. Ist auch
in den Gesichtern dieser Männer keine
Porträtähnlichkeit angestrebt, so kann doch
über ihre Persönlichkeiten kein Zweifel sein;
es sind die drei Märtyrer des Dominikaner=
ordens Girolamo Savonarola, Domenico
Buonvicini und Sylvestre Marussi, die
hier Botticelli nach dem Vorgang Fra
Angelicos in englischer Umarmung ge=
schildert hat, die „homines bonae volun-
tatis," von denen es heißt, sie ruhen von
ihrer Arbeit und ihre Werke folgen ihnen
nach. Die halbmystische Inschrift am
oberen Rand des Bildes, wo es unter
anderem heißt: „Dieses Bild malte ich
Alessandro während der Wirren Italiens
am Ende des Jahres 1500 . . . in der
dreiundeinhalbjährigen Loslassung des Teu=
fels" fand erst kürzlich ihren Erklärer; sie
bezieht sich auf das Martyrium Savona=
rolas und auf seine Exkommunikation durch
Papst Alexander VI., seit welcher im
Jahre 1500 dreiundeinhalb Jahre ver=
flossen waren.

Das in kleinen Verhältnissen überall
mit gleichmäßiger Sorgfalt durchgeführte
Gemälde, welches zugleich Vasaris Behaup=
tung von einem Nachlassen der schöpferischen
Kraft Botticellis unter Savonarolas Ein=
fluß Lügen straft, führt uns an das Ende
der Laufbahn des Künstlers; wir kehren
nun zwanzig Jahre zurück, ihn auf die
Höhen des Lebens zu begleiten, in die
ewige Stadt, wo die größten Künstler
seiner Vaterstadt vor ihm und nach ihm
ihre monumentalsten Werke schufen, wo
auch Botticelli sich zum erstenmal in der
großen Historienmalerei versuchte und glän=
zend bewährt hat. Als ein Träumer, der
ein Ideal der Jugend bis ins Alter hinein
wie eine heilige Erinnerung pflegte und
mit unendlicher Liebe immer wieder neu
gestaltete, erscheint Botticelli in seinen
Madonnenbildern; in Rom am Hofe
Sixtus' IV. ist er auf einmal der Mann
der That, dem der greise Papst mit seiner
Menschenkenntnis die schwierigsten Aufgaben
in dem umfangreichen Bildercyklus seiner
Palastkapelle zu beschleunigter Lösung er=
folgreich übertragen hat.

In der Kirche Ognisanti zu Florenz erblickt man einander gegenüber in die Mauern des Langhauses eingelassen zwei Heiligengestalten in Fresko gemalt: Hieronymus und Augustin. Domenico Ghirlandajo malte im Jahre 1480 den heiligen Hieronymus, Sandro Botticelli, nicht viel später, den heiligen Augustin. Vasari weiß sogar von einer Konkurrenz zwischen beiden Meistern bei dieser Gelegenheit zu erzählen, und wollen wir seinen Worten nicht Glauben schenken, wenn wir sehen, wie ernst es die Künstler mit der ihnen gewordenen Aufgabe genommen haben, wie wacker sie sich bemühten, ihr ganzes Können und Vermögen im engen Raume eines Gelehrtenstübchens an einer einzigen menschlichen Figur zu offenbaren? In der That, wer heute mit einem Blick die eigentümliche Bedeutung jener beiden Männer erfassen will, die sich in der zweiten Hälfte des Quattrocento in ihrer kunstberühmten Vaterstadt Florenz die höchsten Ehrentitel teilten, der frage bei den vielfach beschädigten und doch noch immer so eindrucksvollen Heiligengestalten von Ognisanti an, die unter das Beste und Charaktervollste gehören, was Botticelli und Ghirlandajo im Vollbesitz ihrer Schaffenskraft zu leisten vermochten.

Am Schreibtisch im dämmernden Studio, wo rings an der Wand auf dem Regal mächtige Bücher prangen, sitzt eine starkknochige Greisengestalt: St. Augustin (Abb. 30). Die Pracht der goldschimmernden Bischofsgewänder ist erloschen, aber die perlenbesetzte Mitra auf dem Tisch verrät die hohe geistliche Würde. Nichts findet sich in dem engen Raum, was den Ernst der Ge-

danken ablenken könnte: ein Globus auf dem Lesepult, Schreibrollen und aufgeschlagene Bücher sind der ganze Apparat, mit welchem hier gearbeitet wird. Die linke Hand des Heiligen, über welche bis zum Oberarm der faltenreiche Mantel zurückgeschlagen ist, ruht auf dem Schreibbrett und faßt das Tintenfaß, die Rechte ist in mächtiger Bewegung gegen die Brust erhoben. Augustin hat das Haupt ein wenig vorgebeugt, der Blick ist aufgerichtet, die Lippen sind leise geöffnet. Wird den strahlend geöffneten Augen eine Vision zu teil? Empfängt er eben in diesem Augenblick eine Offenbarung, die ihm auf einmal die Befreiung von all' den Rätselfragen bringt,

Abb. 30. Der heilige Augustin. Florenz. Ognisanti.

die ernste Gedankenarbeit nicht zu lösen vermochte? Welch' eine Sehnsucht weit über die Welt hinaus, welch' hoffnungs= volles Zagen, endlich der Forschungspein enthoben, die Wahrheit, die Wahrheit selber zu schauen, verrät uns Blick und Haltung des Greises, dessen Züge so viel tiefes Nachdenken, die Arbeit so langer Jahre unendlich edel und ausdrucksvoll geformt haben.

Abb. 31. Sixtus II Cappella Sistina.
(Nach einer Photographie von Anderson, Rom.)

Als Freskomaler hatte Botticelli, außer dem heiligen Augustin in Ognisanti, nur noch eine ihn wenig empfehlende Leistung aufzuweisen als Sixtus IV., wahrscheinlich durch Vermittlung seines nach Frankreich reisenden Nepoten Giugliano della Rovere im Sommer 1481 die besten Florentiner Künstler nach Rom berief, das eben vollen= dete Heiligtum seines Palastes auszumalen.

Erst am 25. November 1480 war die Florentiner Bürgerschaft vor der verschlosse= nen Bronzethür St. Peters in feierlicher Ceremonie vom Banne losgesprochen worden, der sie infolge der mißglückten Verschwö=

rung der Pazzi, an welcher der Papst nicht ganz unbeteiligt gewesen war, getroffen hatte. Niemand anders als Botticelli hatte damals zur Erinnerung der glücklichen Er= rettung des Lorenzo de' Medici und des Unterganges seiner Feinde an die Wände des Bargello die Bildnisse der Verschwörer gemalt, unter welchen sich auch der Erz= bischof von Pisa befand, wegen dessen Er= mordung Sixtus so bitter zürnte. Der Papst richtete schon am 6. Februar 1479 an die Signoria von Florenz die dringende Aufforderung, diese Porträts zu zerstören, aber auf den Maler derselben scheint sich sein Groll nicht erstreckt zu haben, denn Botticelli wird nicht nur in erster Reihe unter den am 27. Oktober 1481 verpflichteten Künstlern ge= nannt: wenn wir Vasari glauben dürfen, wurde ihm sogar die Ober= leitung der ganzen umfangreichen Arbeit anvertraut.

Die Kapelle Sixtus' IV. wird stets die Suprematie von Florenz über alle anderen Städte Italiens als Schöpferin künstlerischer Genies im Zeitalter der Renaissance be= weisen. Sie wird stets als höchster Ruhmestitel der Stadt am Arno gepriesen werden, der die drei Schwesterkünste in gleicher Weise umfaßt. Ein Florentiner Architekt, Giovanni de' Dolci, hat die Palast= kapelle des Papstes erbaut, Mino da Fiesole ihren plastischen Schmuck zum großen Teil entworfen und ausgeführt, Florentiner Künstler endlich von Sandro Botticelli bis auf Michelangelo haben sich durch die Gemälde an Wand und Decke unsterb= lichen Ruhm erworben. Welch' frisches Schaffen mächtig pulsierenden Lebens, welch' ein Wettkampf aufs höchste angespannter Kraft hat sich in den zwei Jahren vom Sommer 1481 bis zum 15. August 1483 zwischen den Mauern der Sixtinischen Kapelle vollzogen, an deren malerischen Schmuck end= lich Michelangelo in einsamer Titanenarbeit die letzte Hand gelegt!

Die Anlage der Basilika von Alt= St. Peter, deren Zerstörung erst Bramante unter Julius II. unternahm, scheint für den Plan und den künstlerischen Schmuck

der Sixtina maßgebend gewesen zu
sein. Die reiche Mosaikverzierung
des Fußbodens mit dem sogenannten
„opus Alexandrinum," wie sie uns
fast regelmäßig in den altchristlichen
Basiliken Roms, fast niemals aber in
Renaissancekirchen begegnet, die in
der Kunst des Quattrocento ebenfalls
einzigartigen Marmorschranken zwi=
schen Laienraum und Presbyterium,
denen nachgebildet, die das Grab
des Apostelfürsten in St. Peter um=
schlossen, vor allem aber die Ein=
teilung des Wandschmuckes mit den
Papstbildnissen oben in der Fenster=
höhe, dem historischen Bilderkreis in
der Mitte und den gemalten Teppichen
darunter — alles das weist darauf
hin, wie sehr dem Nachfolger Petri
daran lag, in seiner Hauskapelle die
Hauptcharakterzüge des ehrwürdigsten
Tempels der Christenheit wiederzu=
finden. Die neuere Kunst kann sich
nicht rühmen, noch einmal wieder
einen so monumentalen Bilderkreis
geschaffen zu haben, als den der Six=
tinischen Kapelle, wo in typologischer

Abb. 32. Stephanus Romanus. Cappella Sistina.
(Nach einer Photographie von Anderson, Rom.

Anordnung der einzelnen Scenen
das Leben des Moses dem Leben
Christi gegenübergestellt worden ist.
Die Gemälde der Altarwand von
der Hand Peruginos fielen dem
Jüngsten Gericht Michelangelos zum
Opfer, von den noch erhaltenen zwölf
Fresken der Langwände hat Botti=
celli drei ausgeführt, von seiner
Hand sind aber auch, wie schon
Basari erwähnt, einige der oben
zwischen den Fenstern in ganzer
Figur dargestellten Märtyrerpäpste
gemalt. Der heutige Zustand dieser
wie eine Ahnengalerie in langem
Zuge aufgereihten Papstbilder, die
würdevoll und prächtig wie Statuen
in eine geräumige Nische hinein=
komponiert wurden, ist keineswegs
erfreulich, es scheint aber auch, daß
weder Fra Diamante noch Ghirlan=
dajo, noch endlich Botticelli auf
diese, in fast schwindelnder Höhe
thronenden Gemälde ihre ganze Kraft
verwandt haben. Die enge Be=
ziehung zum heiligen Augustin in

Abb. 33. Papst Cornelius. Cappella Sistina.
(Nach einer Photographie von Anderson, Rom.)

Squisanti läßt uns sofort Sixtus II. (Abb. 31) und Stephanus Romanus (Abb. 32) als Arbeiten Botticellis erkennen: es sind die schönsten, geistig bedeutendsten Typen unter den Papstbildern, in denen der Künstler eine momentane Stimmung, das tiefe Nachdenken, die heilige Begeisterung wie in seinen besten Werken zum Ausdruck brachte. Schwächer in der Empfindung und weniger scharf in der Zeichnung sind der jugendliche Cornelius (Abb. 33), die Päpste Soter und

der Taufe Christi des Perugino und Domenico Ghirlandajos Berufung der ersten Jünger, dem päpstlichen Throne genau gegenüber. So muß noch heute der Blick des Nachfolgers Petri gerade dies Bild treffen, wohin er den Messen in der Sixtinischen Kapelle bei, die auch jetzt noch regelmäßig dort wenigstens zweimal im Jahre gefeiert werden. Ahnt er die Bedeutung, welche jenes Fresko für den Erbauer der Kapelle besaß, kennt er den Grund, wes-

Abb. 34. Versuchung Christi. Cappella Sistina.
(Nach einer Photographie von Anderson, Rom.)

Euaristus; aber obwohl sie alle durch Übermalung und Abfall des Mauerbewurfes gelitten haben, verraten sie doch noch deutlich den scharf ausgeprägten Charakter ihres Urhebers, dessen Anteilnahme an der Darstellung der vierundzwanzig Märtyrerpäpste hiermit erschöpft sein dürfte.

Es ist wahrscheinlich, daß Botticelli seine Arbeiten in der Sixtina mit der einzigen Darstellung aus dem Neuen Testament begonnen hat, welche gewöhnlich die Versuchung Christi genannt wird (Abb. 35). Dieses eigentümliche Ceremonienbild ist das zweite Fresko der rechten Wand, eingefügt zwischen

wegen durch jene merkwürdige Tempelscene im Vordergrunde die Schilderung aus dem Neuen Testament völlig in den Hintergrund zurückgedrängt worden ist? Suchen wir, wie billig, in Botticellis Gemälde zunächst das Verbindungsglied zwischen der Taufe Christi auf der linken und der Berufung der ersten Jünger auf der rechten Seite, so entdecken wir, in kleinen Verhältnissen ausgeführt, im Hintergrunde die Versuchung Christi in ausführlicher Schilderung. Oben links auf olivenbewachsenem Felsvorsprung naht sich der Satan dem Erlöser in der würdigen Tracht eines Kapuziners. Stab

Abb. 35. Das Reinigungsopfer des Unschuldigen und die Verschwörung Christi. Cappella Sistina.
(Nach einer Photographie von Anderson, Rom.)

und Rosenkranz in der Linken, deutet er mit der Rechten auf die Steine am Boden, während Christus milde und ernst die Hand gegen den Versucher erhebt, dessen wahre Natur überdies die Geierkrallen und die Fledermausflügel verraten.

Auf die Zinne des Tempels, eines prächtigen Renaissancebaues, der die Mitte des ganzen Bildes beherrscht, führt uns die zweite Versuchung. „Laß dich herab,“ will des Teufels ausgestreckte Rechte sagen: „du sollst Gott deinen Herrn nicht versuchen“ ist die abwehrende Antwort, die wir in Mienen und Gebärden des Erlösers lesen.

Immer höher werden die Zumutungen des Teufels und immer nachdrücklicher die Abwehr des Herrn. Milde zurechtweisend erscheint Christus in der ersten Versuchung, unwillig abwehrend in der zweiten, in tiefe Erregung aber versetzt ihn die Aufforderung des Versuchers, niederzufallen und ihn anzubeten. Das „Hebe dich weg von mir, Satan,“ welches auf dem schroffen Felsen rechts in der Ecke geschildert wird, begleitet er mit leidenschaftlicher Gebärde, und erschrocken läßt der Satan Mönchsgewand, Stab und Rosenkranz fahren und stürzt in seiner wahren scheußlichen Gestalt in die Tiefe hinab (Abb. 31).

Drei Engel aber nahen sich schon hier oben, an gedecktem Tisch den hungernden Heiland zu speisen, und unten links im Mittelgrunde erscheinen sie noch einmal, in demütiger Haltung sich um den wandelnden Erlöser scharend nach dem Wort der heiligen Schrift: „Da traten die Engel zu ihm und dieneten ihm.“

Hat Botticelli in der Versuchung Christi im Hintergrunde die Schilderungen aus dem Neuen Testamente fortgesetzt, so hat er im Vordergrunde ein Zeitereignis verherrlicht, an das der Roverepapst, wenn er auf dem Thronsessel gegenüber den heiligen Gesängen seiner Hofkapelle lauschte, sehr gern erinnert sein wollte. Das Reinigungsopfer des Aussätzigen, welches hier mit peinlicher Beobachtung aller vom jüdischen Gesetz vorgeschriebenen Ge

44 Sandro Botticelli.

bräuche und mit mächtigem Aufwand im Beisein der vornehmsten Würdenträger des päpstlichen Hofes vollzogen wird, ist in der ganzen bildenden Kunst hier zum ersten und einzigen Male dargestellt. Was wunder, daß man jahrhundertelang keine Erklärung für diesen Vorgang wußte, daß selbst Va-

wie sie im dritten Buch Mose Kapitel 14, Vers 2—7, über das Reinigungsopfer der Aussätzigen gegeben werden, sind der Schilderung zu Grunde gelegt:

2. Das ist das Gesetz über den Aussätzigen, wenn er soll gereinigt werden. Er soll zum Priester gehen.

Abb. 37. Mittelgruppe aus dem Opfer des Aussätzigen. Cappella Sistina.
(Nach einer Photographie von Anderson, Rom.)

jart sich der merkwürdigen Bedeutung dieser Scene nicht mehr erinnerte, welche pyramidenartig aufgebaut, bewunderungswürdig in ihrer einheitlichen Komposition den ganzen breiten Vordergrund in Botticellis Fresko behauptet!*) Die Vorschriften,

3. Und der Priester soll aus dem Lager gehen und besehen, wie das Mal des Aussatzes am Aussätzigen heil geworden ist.

4. Und soll gebieten dem, der zu rei-

*) Ich gebe die Erklärung dieses Bildes hier mit einigen Zusätzen und Berichtigungen so wieder, wie ich sie im Repertorium für Kunstwissenschaft

Bd. XVIII, Heft 1, veröffentlicht habe; die „Bestrafung der Rotte Korah" und ihre Beziehung zum Konzilsversuch des Erzbischofs von Krain, wie ich sie im folgenden ausführen werde, waren bis heute ebenfalls unbekannt. Ich werde an anderer Stelle ausführlicher darüber handeln.

nigen ist, daß er zwei lebendige Vögel nehme, die da rein sind, und Cedernholz und rosinfarbene Wolle und Ysop.

5. Und soll gebieten, den einen Vogel zu schlachten, in einem irdenen Gefäß am fließenden Wasser.

6. Und soll den lebendigen Vogel neh-

gestatten mußte, wollte er eine Reihe auf= einander folgender Handlungen in einen dem Auge mit einem Blick faßbaren Moment zusammenfassen, mußte das Verständnis seiner Darstellung erschweren, die rührende Treue aber, mit welcher er jedes der cha= rakteristischen Bestandteile dieser Opferhand=

Abb. 38. Detail aus dem Opfer des Aussätzigen. Cappella Sistina.
(Nach einer Photographie von Anderson, Rom.)

men mit dem Cedernholz, rosinfarbener Wolle und Ysop und in des geschlachteten Vogels Blut tauchen am fließenden Wasser.

7. Und besprengen den, der vom Aus= satz zu reinigen ist, siebenmal und reinige ihn also und lasse den lebendigen Vogel ins freie Feld fliegen.

Die Freiheit, welche sich der Künstler

lung zum Ausdruck brachte, kommt der Er= klärung im einzelnen zu Hilfe, nachdem der Grundgedanke einmal gefunden ist. Vor dem prächtigen Renaissancetempel, mit leichten gotischen Anklängen in den Fenstern des oberen Stockwerks, erhebt sich ein mäch= tiger Altar, in dessen Innerem über lodern= dem Feuer das Cedernholz in herabhängen=

dem Kessel verkohlt, damit sein Wohlgeruch die vom Aussätzigen verpestete Luft reinige. Um den Altar herum kniet eine dankbare Menge, während links aus dem Hintergrunde eiligen Schrittes die Frau des Geheilten herbeikommt, auf dem Kopfe in irdener Schüssel zwei Hühner tragend, die von einem Leinentuch halb bedeckt sind. Sie eilt zum fließenden Wasser an der rechten Seite, dort den einen Vogel zu schlachten in irdenem Gefäß und den anderen freizulassen, wie das Gesetz Mosis vorschreibt.

Nach der Vollendung dieser von den Umstehenden verdeckten Ceremonie scheint sich der Aussätzige ungeduldig umzuziehen. Eben naht er langsam von rechts und von zwei Freunden unterstützt, ist er mühsam die erste Stufe zum Altar emporgestiegen (Abb. 36). Noch trägt er alle Spuren des überstandenen Leidens im Gesicht geschrieben, ja der Mann zu seiner Rechten sucht ungläubig mit der Hand das Gewand zu entfernen, um sich zu überzeugen, ob der Aussatz wirklich geschwunden ist. Inzwischen sind alle Vorbereitungen erfüllt, das Blut des geschlachteten Vogels ist in die goldene Schüssel gethan, und schon naht sich ganz im Vordergrund des Bildes in flatterndem weißen Gewande ein Priesterjüngling, einem ehrwürdigen Greise in Arons hohenpriesterlicher Tracht das Blut zu reichen (Abb. 37).

Abb. 39. Detail aus dem Opfer des Aussätzigen. Cappella Sistina.
Nach einer Photographie von Anderson, Rom.

Abb. 40 Jünglingskopf aus dem Opfer des Aussätzigen. Cappella Sistina
(Nach einer Photographie von Anderson, Rom.)

Beide haben die flache Schale erfaßt und der weißbärtige Alte taucht zugleich einen Strauß mit rosinfarbener Wolle umwickelter grüner Mortella in das Blut, den nahenden Aussätzigen damit siebenmal zu besprengen und damit als geheilt der Welt zurückzugeben.

Wir sehen, Botticelli hat keinen der vorgeschriebenen Gebräuche dieser weitläufigen Opferhandlung anzudeuten vergessen, und wenn er, statt des Yssop, die myrrhenartige Mortella wählte, so geschah es nur, weil auf diese in den Gebräuchen der christlichen Kirche die reinigende Kraft des alttestamentlichen Hyssopus übergegangen war, wie z. B. auch auf einem Bilde des Borgognone in Bergamo die heilige Margareta den unreinen Drachen mit ebensolchen Mortellareisern besprengt. (Gewiß, der Künst-

ler konnte den merkwürdigen Vorgang unmöglich deutlicher charakterisieren, aber wir fragen erstaunt nach dem Grunde, warum ein päpstliches Machtgebot einen niemals vorher dargestellten Stoff aus den Gesetzen des Alten Bundes mitten in eine Bilderreihe aus dem Neuen Testament eingeschoben wissen wollte. Die Antwort ergibt sich einfach genug, wenn man sich erinnern will, wie sehr sich Sixtus IV die Verschönerung Roms angelegen sein ließ, wie eifrig er den Prachtbau des Spitals von San Spirito betrieben hatte, das eben vollendet war, als die Florentiner Meister in der Sistina zu arbeiten begannen. Leider fiel die herrliche Renaissancefassade einem späteren Anbau zum Opfer, aber ein alter Stich bezeugt, daß Botticelli die Fassade seines Tempels genau der Fassade von

St. Spirito nachgebildet hat. Damit aber erklären sich von selbst die Gedanken, welche Sixtus IV. durch die Schilderung des Reinigungsopfers des Aussätzigen ausgedrückt wissen wollte. Sollte dies Gemälde nicht den Ruhm des Papstes verherrlichen, in dessen neuerbautem Spital auch die schrecklichste aller Krankheiten auf Heilung hoffen greisen Papstes, wenn er auf seinem Throne der feierlichen Messe beiwohnte, mit besonderer Freude auf diesem Fresko Botticellis ruhen, das ihn als würdigen Jünger des heiligen Franz verherrlichte, und er mochte sich schmeicheln, daß dies Bild seinen Ruhm den entferntesten Nachfolgern auf dem Stuhle Petri verkündigen würde.

Abb. 41. Opfer des Aussätzigen: Der Knabe mit der Schlange.

durfte? Überdies gehörte Sixtus IV. dem Franziskanerorden an, was wunder, daß er gerade den Aussatz als Typus aller körperlichen Leiden gewählt hat? Begann nicht der heilige Franciscus, welchen der Papst als seinen speciellen Schutzpatron aufs brünstigste verehrte, seine glorreiche Laufbahn damit, daß er seinen Ekel überwindend, sich der Pflege der Aussätzigen widmete? Da mochten die Augen des Nachdem in der Hauptsache dies merkwürdige Gemälde seine Erklärung gefunden hat, versteht man auch, warum der Eichbaum der Rovere gerade hier so häufig erscheint, warum eine so vornehme Versammlung geistlicher und weltlicher Würdenträger sich gerade um das Reinigungsopfer des Aussätzigen geschart hat. Haben doch auch die beiden mächtigsten päpstlichen Nepoten hier Platz gefunden. Giuliano della Rovere,

den die Welt noch als Julius II. gewinnen
dern sollte, erscheint in ruhig überlegener
Haltung, ein weißes Tuch in den über-
einander gelegten Händen in geringer Entfernung hinter dem Priesterknaben, Girolamo Riario, der Vielgehaßte, seit dem
weniger interessiert an der Opferhandlung
teil nehmen läßt, wohl niemals ergründen
können, aber man darf annehmen, daß sie
alle der Bruderschaft von San Spirito an-
gehörten, die Sixtus IV. gleich nach Vollendung des Spitalbaues gegründet hatte.

Abb. 42. Das Mädchen mit der Schlange. Rom. Capitolinisches Museum.

Herbst 1480 Gonfaloniere der Kirche, steht
ganz rechts in der Ecke, als Zeichen seiner
Würde das goldbeschlagene Scepter zeigend,
das er erst vor wenig Monaten aus der
Hand des Papstes empfangen hatte (Abb. 38).
Leider wird menschliche Weisheit die Namen
der charaktervollen Männergestalten, der
schönen Jünglinge, die Botticelli mehr oder

und der er selber mit seinem ganzen Hof-
staat beigetreten war (Abb. 39 und 40).

Endlich erregt eine Thatsache noch unser
Interesse in diesem mit höchster künstlerischer
Weisheit komponierten, mit allen Mitteln
eines erfinderischen Geistes ausgeführten
Gemälde. Vor jener holztragenden Frau
im Vordergrunde rechts, vielleicht der ein-

zigen Gestalt, deren malerische Ausführung
Botticelli einem Schüler überließ, springt
ein halbnacktes Bübchen, dem eine heute

und Mienenspiel, in der erhobenen Rechten
und dem nach rückwärts gewandten Köpfchen
mit dem unerschrockenen Ausdruck gleicht

Abb. 42. Jugendleben des Moses. Cappella Sixtina.

kaum noch erkennbare Schlange einen Schatz
köstlicher dunkelblauer Trauben streitig zu
machen scheint, die er in seinem erhobenen
Hemdchen trägt (Abb. 11). In dem sehr
glücklich erfundenen Motiv, in Gebärden

dieser Knabe völlig dem Mädchen mit der
Taube im Kapitolinischen Museum, der sich
ebenfalls eine Schlange zugesellt hat, mehr
als Gespielin, denn als Feind (Abb. 42). So
haben die antiken Schätze Roms auch Botti-

cellis Phantasie sofort beschäftigt, und wenn wir sehen, wie er in der Bestrafung der Rotte Korah als architektonischen Hintergrund den auch von Michelangelo und unzähligen anderen Künstlern nachgezeichneten Konstantinsbogen verwandte, so gibt sich damit aufs neue die große Eindrucksfähigkeit des Künstlers kund, der alle Anregungen, die ihm von außen kamen, innerlich verarbeitete, und wenn die Gelegenheit sich bot, in seiner Kunst zu verwerten verstand.

bal vergleichbar, täglich die Thore Roms mit den Schrecken der Plünderung bedroht hatte. Sixtus befahl, die glorreiche Waffenthat im Gemäldecyklus seiner Palastkapelle zu verewigen, und Pier di Cosimo hat im Durchzug durchs Rote Meer den Helden von Campomorto ein sehr merkwürdiges Denkmal gesetzt. Aber eine so bedeutungsvolle Darstellung verlangte die ganze Fläche des Gemäldes für sich und duldete keine weiteren Scenen aus dem Leben des Moses

Abb. 11. Auszug aus Ägypten.

Ein politisches Ereignis, das machtvoll in die letzten Lebensjahre Sixtus' IV. eingriff und von allen Zeitgenossen als ruhmreichster Erfolg seiner stürmischen Regierung gepriesen wird, hat mittelbar auch auf Botticellis Schilderung des Jugendlebens Mosis an der Wand gegenüber eingewirkt. Am 21. August des Jahres 1482 wurde der kriegerische Papst durch den Sieg des Roberto Malatesta bei Campomorto von seinem gefährlichsten Feinde, dem Herzog von Calabrien, befreit, der, wie Jakob von Volterra sich ausdrückt, einem neuen Hanni-

neben sich, wie sie auf allen übrigen Fresken von einem Rahmen umschlossen sind. Nun war aber der Plan bereits entworfen, als die Schlacht geschlagen wurde, die Berufung des Moses im Alten Bunde sollte der Berufung der ersten Jünger im Neuen Testament gegenübergestellt werden. Was blieb da anderes übrig als diese Scene, mit welcher auch der Auszug aus Ägypten zu vereinigen war, mit dem Bilde vorher zu verbinden, auf welchem Botticelli das Jugendleben Mosis zu schildern hatte? So ist es gekommen, daß der Capitano

4*

degli Ebrei im Fresko Pier di Cosimos,
wo der Gipfelpunkt und Schlußakt eines
bedeutungsvollen Dramas zu verherrlichen
war, nur ein einziges Mal erscheint, während
Botticelli auf demselben Flächenraum nicht
weniger als siebenmal das Bild des Moses
unterbringen mußte, als gelte es, seine
Thaten in einem epischen Gedicht zu preisen.

An der Lösung einer so ungerecht=
fertigten Aufgabe — denn wer wollte noch
in solcher Häufung von Thatsachen eine freie
Willensäußerung des Künstlers erkennen? —
ist seine Schöpferkraft indessen nicht erlahmt
(Abb. 15). Er schildert getreu den historischen
Verlauf von rechts nach links, aber er hat
sofort ein Moment von besonders fesselnder
Schönheit gefunden, um das er alle übri=
gen Scenen kunstvoll gruppiert. Rechts
in der Ecke erschlägt der zornentflammte
Moses den unbarmherzigen ägyptischen
Vogt, der schreiend am Boden liegt: mit
blutender Stirn und schmerzverzerrtem Ge=
sicht stürzt der mißhandelte Israelit da=
von in die Arme seines entsetzten Weibes,
die ihn von dannen zieht. So wird der
Totschlag auch äußerlich gerechtfertigt, aber
etwas weiter im Hintergrunde sehen wir
den Schuldbeladenen einsam in die Wüste
fliehen.

Dann erregt der Hirten Bosheit gegen
die Töchter Jethros aufs neue seinen Zorn:
mit erhobenem Stab treibt er die fliehen=
den vor sich her. Dann tränkt er die
Schafe der verfolgten Unschuld und er=

Abb. 15. Jugendleben des Moses: Die Söhne des Moses.

Abb. 16. Jugendleben des Moses. Kopf des Aron.

scheint weiter selbst als Hirte im Hinter=
grunde mit seinen Schafen, im Begriff, die
Sandalen abzulegen an heiliger Stätte.
Knieend empfängt er Gottes Gebote aus
dem feurigen Busch, und endlich begegnet
er uns zum siebentenmale als Führer des
Volks (Abb. 44). Ihm folgt sein Weib
mit seinen beiden Söhnen, Aron, mit langem
schwarzen Bart und mächtigem Turban und
endlich Frauen und Männer des Stammes
Israel, die ersteren schwer beladen mit der
häuslichen Habe (Abb. 45), die letzteren
durch ihre Tracht bald als Priester und
Weise, bald als Krieger charakterisiert
(Abb. 46 und 47).

Nichts hätte die Sympathie des Be=
schauers für den Helden der Bilderreihe
des Alten Testaments tiefer erregen können,
als diese so unbefangen, scheinbar so naiv
geschilderte Einführungsgeschichte in seinen

gewaltigen Beruf. Wir fühlen uns an=
gezogen wie durch die Erzählung einer
schönen Sage, und wer genauer zusieht,
entdeckt auf einmal in der harmlosen
Schilderung Züge tiefer psychologischer
Wahrheit. Nicht die Flucht des Moses in
die Wüste und die Vertreibung der Hirten,
Vorbilder der Versuchung Christi gegenüber
und als solche besonders bedeutungsvoll,
nicht die wunderbare Berufung aus dem
feurigen Busch oder der triumphierende
Auszug aus dem Lande der Knechtschaft
haben dem Künstler das Thema für die
Hauptkomposition seines Bildes geboten:
ein scheinbar nebensächlicher Zug im Jugend=
leben seines Helden hat ihn besonders tief
ergriffen. Der Mann der That, der alles
Unrecht haßt, der selbst vor einem Tot=
schlag nicht zurückschreckt, wenn es gilt,
Vergewaltigung zu rächen, den Erwählten

Gottes, den Heerführer des Volks hat
Botticelli mit gewohnter Meisterschaft zu
charakterisieren gewußt, aber nirgends ver=
weilt er so gern wie bei jener Liebesthat
des mildherzigen Fremdlings, der ritterlich
die Schwachen schützt und hilfbereit mit
eigener Hand die Schafe der Töchter des
Midians zu tränken sich anschickt (Abb. 48).

spaltenen Hirtenstab befestigt hat, sind
Schöpfungen von zauberhafter Naivetät,
von wahrhaft poetischem Reiz (Abb. 50).

Leider hat dies Fresko an der rechten
Seite, wo der Baldachin über dem päpst=
lichen Thron errichtet wird, sehr arg ge=
litten und Übermalungen konnten hier nicht
ausbleiben. Im übrigen aber muß auch

Abb. 47. Jugendleben des Moses. Detail.

Diese That enthüllte die schönste Seite im
Charakter des jugendlichen Moses, das er=
kannte Botticellis feiner Tastsinn und in einer
reizenden Idylle am Brunnen unter schat=
tigen Eichbäumen hat er sie zur Darstellung
gebracht. Der Typus des wasserschöpfenden
Moses (Abb. 49) ist schön wie ein idealer
Christuskopf und die beiden Hirtinnen, von
denen die eine das gesponnene Garn, wie
das noch heute geschieht, in den oben ge=

dieses Bild ganz als eigenhändige Arbeit
Botticellis gepriesen werden, der überhaupt
die Hände von Gehilfen weit weniger in
Anspruch genommen hat, wie die meisten
seiner Mitarbeiter.

Wird doch auch im letzten Gemälde des
Meisters in der Sixtina ein geübtes Auge
nur rechts im Hintergrunde an der Säulen=
reihe die Arbeit eines Schülers erkennen,
während Botticelli in der Hauptsache auch

hier die ganze große Arbeit selbst geleistet haben muß. Das technisch Vollendetste der drei Fresken ist bis auf den goldenen Saum

Gestalten mit einer Meisterschaft behandelt, daß man hier in der That die Fortschritte einer stets wachsenden künstlerischen Kraft

Abb. 18. Mittelgruppe aus dem Jugendleben des Moses. Capella Sistina. Nach einer Photographie von Anderson, Rom.

der Gewänder in allen Einzelheiten mit einer Sorgfalt durchgeführt, in der dramatischen Schilderung der Vorgänge, in der scharfen Charakteristik der einzelnen

erkennt, aber auch annehmen muß, daß Botticellis Interesse noch tiefer als gewöhnlich erregt war. Hat man von außen auf ihn eingewirkt, indem man, um einer

Abb. 49. Der wasserschöpfende Moses. Cappella Sistina.
(Nach einer Photographie von Anderson, Rom.)

erhöhten Aufgabe zu genügen, eine erhöhte Kraftanstrengung von ihm verlangte, reizte ihn selber in ungewöhnlicher Weise die gesteigerte Schwierigkeit, eine Fülle theologischer Weisheit in das schwer anzupassende Gewand einer künstlerischen Schöpfung zu kleiden? Jedenfalls hat Botticelli als echter Künstler wie im Opfer des Aussätzigen so auch hier, einen spröden Inhalt in einer schönen Form so glücklich zu verbergen gewußt, daß der Beschauer, an dem letzteren sich freuend, ganz vergaß, nach dem ersteren zu fragen. Gewiß, ein persönlicher Triumph des Künstlers, aber ein verhängnisvoller Fehler dem Publikum gegenüber, der sich damit gerächt hat, daß bis auf den heutigen Tag auch die sogenannte „Bestrafung der Rotte Korah" den Juden ein Ärgernis und den Griechen eine Thorheit geblieben ist.

Das völlige Verständnis dieses großartigen Freskobildes, das immer wieder unser Auge anzieht und unsere Einbildungskraft erregt, kann erst gefunden werden, wenn man es einerseits scharf als alttestamentlichen Prototypus der Schlüsselübergabe Peruginos an der Wand gegenüber faßt und andererseits die Mühe nicht scheut, im Alten Testament die Wurzeln zu suchen, aus denen die einzelnen Scenen des figurenreichen Bildes sich entwickelt haben.

Es leuchtet ein, daß die Darstellung der Schlüsselübergabe an Petrus in der Palastkapelle seines Nachfolgers nicht fehlen durfte, ja der ganze neutestamentliche Bilderkreis mußte in diesem feierlichen Akt, auf welchen das Papsttum seine historische Stellung gründet, seinen Höhepunkt erreichen. Perugino ist sich der Ehre seines Auftrags wohlbewußt gewesen und man darf behaupten, daß er sich selber weit übertroffen hat in der großartig einfachen Schilderung des erhabenen Augenblicks, in welchem Christus seinen edelsten Jünger zum Eckstein der Kirche erkor. Welche Klarheit der Komposition, welche Monumentalität der Gestalten, welch eine edle Würde im Geben, welche gläubige Demut im Empfangen! Gewiß, der Papst würdigte den umbrischen Meister besonderen Vertrauens, wenn er ihm diese Darstellung übertrug; aber mußte sich nicht auch Botticelli schon bewährt haben, wenn Sixtus ihm die völlig neue Gestaltung einer alttestamentlichen Parallele anvertraute? — Die dräuende Inschrift am Konstantinsbogen:

Nemo sibi assumat honorem nisi vocatus a deo tanquam Aron*)

illustriert aufs klarste den Vorgang am Altar, wo die aufrührerische Rotte Korah (Abb. 51) vom Feuer verzehrt wird, weil sie mit frevelnder Hand Gott zu opfern wagten, was nur Arons priesterlichem Geschlechte gestattet war. Wir sehen den greisen Hohenpriester, mit dem Triregnum geschmückt, im Hintergrunde ruhig sein Räucherfaß schwenken, und Eleasar eilt von dannen, mit den Pfannen der Verbrannten den Altar zu behängen, während Moses im Vordergrunde in dunkelgrünem, goldumsäumtem Mantel mit erhobenem Stabe und gen Himmel gerichtetem Blick das Verderben auf die Abtrünnigen herniederfleht. In dieser königlichen Gestalt ist das Mosesideal des Mittelalters und der Frührenaissance erreicht (Abb. 52). Nur noch Michelangelo konnte eine Erscheinung übertreffen, die ganz vom Feuer der Gottheit durchglüht

*) Niemand maße sich die Ehre an, er sei denn wie Aron von Gott berufen.

Abb. 50. Jugendleben des Moses: Die Töchter Jethros. Cappella Sistina.
(Nach einer Photographie von Anderson, Rom.)

Abb. 51. Bestrafung der Rotte Korah. Cappella Sistina.
(Nach einer Photographie von Anderson, Rom.)

ist, die mit dem höchsten Bewußtsein gott-
verliehener Rechte die edelste menschliche
Würde verbindet. Aber würde sich Michelangelo mit solcher Hingabe in das Wesen
des großen Hirten Israels versenkt haben,
wenn nicht seine Vorgänger in der Sixtina
in der Lebensschilderung des Moses ihre
ganze Kraft erschöpft hätten? Wie vor
einer himmlischen Erscheinung prallt der
frechste der Abtrünnigen entsetzt zurück, ein
zweiter hinter ihm stürzt mit greulichem
Angstgeschrei zu Boden und ein dritter
verbirgt in stummer Verzweiflung am Altar
ausgestreckt das glühende Haupt in der
Erde. Der Kontrast zwischen der glaubens-
starken Ruhe des Moses und der ohn-
mächtigen Verzweiflung schuldbewußter
Empörer, über welche die Schrecken des
Todes hereingebrochen sind, fesselt den
Beschauer zunächst wie der Anblick eines
Naturereignisses von elementarer Gewalt,
und wenn er den Blick den weiteren Schilderungen zur Rechten und Linken zuwendet,
so meint er das Hauptinteresse des merkwürdigen Bildes schon erschöpft zu haben.
Und doch stehen diese Gruppen nicht nur
als Kunstwerke auf gleicher Höhe wie die
Hauptscene; die letztere ist nur halb ver-
standen, haben wir nicht auch die Bedeutung der ersteren kennen gelernt. Auch
rechts erscheint Moses wieder als zürnender

Richter, als unbestechlicher Vollstrecker der
Befehle Gottes. Von einer unbarmherzigen,
mit Steinen bewaffneten Menge umringt,
wird ein Mann hinausgeführt, gesteinigt zu
werden, weil er den Namen des Herrn ge-
lästert hatte. Wie Korahs Rotte das Feuer
verzehrt, weil sie die heiligen Rechte Arons
frevelnd angetastet hatte, so muß auch
dieser Mann zu Grunde gehn, weil er den
noch heiligeren Namen Gottes zu miß-
brauchen gewagt. Hier aber hat das Ungestüm einer leidenschaftlich erregten Menge
sich auch dem Moses mitgeteilt, der eben
mit erhobenen Händen — leget die Hände
auf ihn, heißt es im Gebot des Herrn *) —
das Verdammungsurteil auf den Unglück-
lichen herabzuschleudern scheint.

Auch links im Vordergrunde setzt sich
das Werk der unbeugsamen Gerechtigkeit
des alttestamentlichen Jehovah fort, als
dessen Werkzeug auch hier Moses in heftig
bewegter Haltung auftritt. Während von
Korahs Rotte die einen dem fressenden
Feuer des Himmels anheimfallen, werden
die anderen hier auf Mosis Geheiß lebendig
von der Erde verschlungen, die wie dünne
Eisschollen unter ihren Füßen zerbricht.
Auch hier packt uns die furchtbare Seelen-
angst in Ausdruck und Gebärden der Schul-

*) 3. Mose 24, V. 10—23.

digen, aber Moses, als wäre er all der
Strafgerichte müde, offenbart nicht mehr
das jugendliche Ungestüm wie bei der
Steinigung, auch nicht mehr die königliche
Ruhe wie am Altar; er beugt den Rücken
unter der Last des Alters, eine Regung
des Mitleids gibt sich kund, und so scheint
es, wollte der Künstler mit seinem Takt
auf Signorellis Schilderung der letzten
Thaten des Moses im nächsten Bilde vor=
bereiten. Wer aber sind jene beiden
Männer, die über dem geöffneten Abgrund
auf Wolken wandeln und mit geschlossenen
Augen und tastenden Händen in der Luft
zu schweben scheinen? In einem kurzen
Abschnitt des vierten Buchs Mose (Kap. 11,
V. 26) findet sich endlich auch für diese
wunderbare Erscheinung die Er=
klärung, welche zugleich für das
Verständnis des ganzen Bildes
völlig neue Gesichtspunkte bietet
und außerdem unsere Überzeugung
festigt, daß ein wohlerfahrener
Theologe dem Künstler das tief=
sinnige Programm für seine Dar=
stellung an die Hand gegeben
haben muß.

26. Es waren zwei Männer
im Lager, heißt es, die hießen
Eldad und Medad, und der Geist
ruhete auf ihnen . . . und sie
weissagten im Lager.

27. Da lief ein Knabe hin
und sagte es Mose an und sprach:
Eldad und Medad weissagen im
Lager.

28. Da antwortete Josua . . .
und sprach: Mein Herr Mose,
wehre ihnen.

29. Aber Mose sprach zu ihm:
Bist du der Eiferer für mich?
Wollte Gott, daß alle das Volk
des Herrn weissagte und der
Herr seinen Geist über sie gebe.

Eldad und Medad also sind
jene beiden Männer, die angeklagt
wie der Lästerer, wie Korah und
seine Rotte, sich gegen die gött=
lichen Gebote aufgelehnt zu haben,
auf einer Wolke über den offenen
Abgrund wandelnd, der die letz=
teren verschlingt, gerettet werden.
Sie sind blind für die Dinge
der Außenwelt, aber vom Geiste

Gottes beseelt und innerlich mit dem Lichte
der Weissagung erleuchtet.

Die Lehre der Kirche, welche in die=
ser Darstellung, die ebenso einzigartig ist
wie das Opfer der Aussätzigen, ihren Aus=
druck finden sollte, ist nicht schwer zu fassen.
Die Übertragung der höchsten kirchlichen
Gewalt an Petrus, im Neuen Testament
durch die Schlüsselübergabe bestätigt, wird
im Alten Bunde vorgebildet durch Arons
geistliche Hierarchie, als deren Verteidiger
gegen jede Auflehnung Moses erscheint.
Er vernichtet die Aufrührer gegen die
Priesterschaft Arons, er befiehlt den zu
steinigen, der fluchend Gottes Namen miß=
braucht hat, aber die, welche den Namen
Gottes anrufen, Wunder zu thun, werden

Abb. 52. Moses aus der Rotte Korah.

Abb. 53. Die Steinigung des Lästerers.
(Detail aus der Bestrafung der Rotte Korah.)

gerettet, sie gefährden die Rechte der Kirche nicht, sondern festigen sie.

Wieder ist es ein Zeitereignis, welches sich in Botticellis merkwürdigem Fresko wiederspiegelt.

Andrea Zamometic, der Erzbischof von Krain, wie ihn die Deutschen nannten, hatte sich, in seiner Erwartung Kardinal zu werden getäuscht, zur selben Zeit gegen Sixtus aufgelehnt als dieser auch durch äußere Feinde hart bedrängt wurde. Von Lorenzo de' Medici und selbst dem Kaiser heimlich unterstützt, verkündete er schon am 25. März 1482 im Baseler Münster ein allgemeines Konzil, und am 21. Juli erließ er sogar einen Aufruf, wo „Francesco von Savona" ohne weiteres als Sohn des Teufels angeredet wird.

Erst als der Papst Nuntien über Nuntien nach Deutschland gesandt hatte, ließ man den aufrührerischen Erzbischof fallen, der endlich im Dezember 1482 verhaftet wurde und sich später in seinem Kerker zu Basel selbst den Tod gegeben hat.

Der Zusammenhang ist klar genug. Wie Sixtus IV. im Reinigungsopfer des Aussätzigen seine Bauthätigkeit verherrlicht wissen wollte, wie er im Untergang Pharaos im Roten Meer seinen kriegerischen Erfolg bei Campomorto feierte, so ist es endlich auch sein siegreiches und energisches Vorgehen gegen den Erzbischof von Krain ge-

weisen, an welches ihn das Fresko Botti=
cellis erinnern sollte. Haben nicht Julius II.
und Leo X. drei Jahrzehnte später in der
Stanza d'Eliodoro durch Raffael in ganz
ähnlicher Weise ihre Triumphe über äußere
und innere Feinde verherrlichen lassen?

Auf den abtrünnigen Prälaten ist das
dräuende „Nemo sibi assumat" gemünzt, auf
diesen bezieht sich der klägliche Untergang
Korahs und seiner Rotte, dieser endlich
war in der Person des Lästerers dargestellt,
der sich am Namen Gottes versündigt hatte,
wie Andrea Zamometic an der geheiligten
Würde des Papstes.

Wer der theologischen Weisheit müde
ist, mag noch zum Schluß das Auge er=
freuen an den ausdrucksvollen Porträts,
die Botticelli rechts und links in seine Dar=
stellung gemischt hat (Abb. 54). Sie haben
alle das Geheimnis ihres Namens mit ins
Grab genommen bis auf den Meister selbst,
der, wie wir sahen, rechts neben dem
geistlichen Würdenträger in einfachem
schwarzen Malerkittel und schwarzem Barett
erscheint. Er mochte sich getrost unter diesen

bedeutenden Köpfen gelehrter Herren sehen
lassen, nachdem er solche Proben des eigenen
Könnens abgelegt, nachdem er, ob er gleich
seine Kunst einem höheren Willen dienst=
bar machen mußte, doch dem eigenen Genius
treu geblieben war.

Gewiß wird der, welcher in der Kunst
nur das Auge erfreuen will, ohne den
Kopf anzustrengen, vor den Fresken Bot=
ticellis schwerlich seine Rechnung finden;
ist doch ein völliges Verständnis die erste
Voraussetzung jeder echten Freude an einem
Kunstwerk. Wer aber auch auf die Kunst
den Satz anwenden will, daß ein edler
Genuß mit ernster Arbeit wohlbezahlt ist,
und sich die Mühe nicht verdrießen läßt,
tiefer in den Geist der monumentalen
Wandbilder in der Sixtina einzudringen,
der wird so am besten Botticellis einzig=
artige Stellung in der Kunst der Früh=
renaissance begreifen lernen. Man ver=
gegenwärtige sich doch noch einmal die
Schwierigkeit der ihm gewordenen Aufgabe
und die erstaunliche Gewandtheit, mit der
er sie zu lösen verstand! Mit der Dar=

Abb. 54. Zwei Porträtköpfe aus der Bestrafung der Rotte Korah.
(Nach einer Photographie von Anderson, Rom.)

Abb. 55. Studie für eine Anbetung der Könige. Uffizien.

stellung der Versuchung Christi sollte er zugleich eine Verherrlichung der Bauthätig- keit Sixtus' IV. in Rom verbinden, er erfand das Opfer des Aussätzigen; im Jugendleben des Moses sieben getrennte Vorgänge auf einer Bildfläche unterzu- bringen, er schuf ein reizendes Idyll als Mittelpunkt; in der Empörung der Rotte Korah endlich der im Alten Testamente vorgebildeten souveränen Macht des päpst- lichen Stuhles huldigen, er weiß den Be- schauer durch die phantastische Schönheit seiner form- und farbenreichen Schilderung so zu fesseln, daß er sich gern mit einer all- gemeinen Kenntnis des Dargestellten begnügt.

Wenn wir Vasari glauben dürfen, so war auch Papst Sixtus von Botticellis Arbeiten in höchstem Grade befriedigt und spendete reichen Lohn; aber dieser, auch hierin ganz Künstlernatur, besaß kein Ver- ständnis für den Wert der Güter dieses Lebens, verthat, was er erarbeitet hatte, noch in Rom und lehrte, arm wie er ge- kommen, im Herbst des Jahres 1483 nach mehr als zweijähriger Abwesenheit in seine Vaterstadt zurück.

III.

Die im Verlauf der Renaissance immer stärker erwachende Neigung der Künst- ler, mit den hergebrachten biblischen Dar- stellungen eine Schilderung der eigenen glänzenden Kultur zu verbinden, wie sie sich in Venedig vor allem in den beliebten biblischen Gastmählern kundgibt, findet in Florenz in der Anbetung der heiligen drei Könige ihren schärfsten Ausdruck. Die Hochzeit zu Cana, das Nachtmahl der Jünger zu Emmaus, das Gastmahl des Levi, ja selbst das große Abendmahl gaben im letzten Grunde nur noch die Namen für intime Mahlzeiten oder festliche Gelage daseinsfroher Menschen, für die oft be- rückende Schilderung des üppigen vene- zianischen Genußlebens. Aber auch in der Anbetung der Weisen aus dem Morgen- lande fand sich reichliche Gelegenheit, die vornehmen Sitten der strengeren Floren- tiner, die Mannigfaltigkeit und den Reich- tum der Kostüme an den Königen und ihrem Gefolge zu schildern, und überdies konnte man unzählige Porträts berühmter Zeitgenossen in die figurenreiche Darstellung

Abb. 36. Anbetung der Könige. Petersburg, Eremitage. (Nach einer Photographie von Braun, Clément & Cie. in Dornach i. E., Paris und New York.)

einführen. Kein anderer als Leonardo hat hier den gesetzgebenden Typus in der unvollendeten Anbetung der Könige in den Uffizien geschaffen, die im Jahre 1478 als Altarbild für die Kapelle des Palazzo Vecchio bestellt worden ist. Die Art, wie Meisters sind erhalten, in denen dieser Grundtypus festgehalten und entwickelt wird, und nur in jener tiefempfundenen Huldigung Savonarolas, in der Nationalgalerie zu London, ist aus leicht verständlichen Gründen alles irdische Gepränge um Maria

Abb. 57. Anbetung der Weisen. London. Nationalgalerie.
Nach einer Photographie von Franz Hanfstängl in München.

die Madonna auf einmal aus der Ecke in die Mitte des Bildes gerückt wird, wie die Könige sich ihr von rechts und links mit stürmischer Andacht nahen, wie endlich ein glänzendes Gefolge sich in frohem Getümmel um die Mittelgruppe schart, alles das hat Leonardo erfunden und Botticelli sich für immer zu eigen gemacht. Zahlreiche Studienblätter und Gemälde des und ihr Kind durch die himmlischen Heerscharen verdrängt.

Eine zweite früher dem Filippino Lippi zugeschriebene Anbetung in der Nationalgalerie (Abb. 57), eine ähnliche in der Ermitage zu Petersburg (Abb. 56) und eine dritte unvollendete und arg übermalte in den Uffizien (Abb. 58) aus späterer Zeit veranschaulichen alle dasselbe

Abb. 58. Anbetung der Könige. Florenz, Uffizien. (Nach einer Photographie von Gebr. Alinari, Florenz.)

5

wirkungsvolle Kompositionsprincip, schildern den Vorgang in fels- und ruinen-
reicher, weit sich öffnender Landschaft und
lassen um die anbetenden Könige eine teils
andächtige, teils profane Menge sich scharen.

sich die lärmende Menge. Die einen beschäftigt die Sorge für die ungeduldig har-
renden Rosse, unter den anderen ist eben
ein heftiger Streit ausgebrochen, der mit
dem Schwert in der Hand entschieden wer-

Abb. 58. Anbetung der Könige. Florenz, Uffizien. (Nach einer Photographie von Giacomo Brogi, Florenz.)

Besonders in den Bildern der Ermitage
und der Uffizien nimmt ein weiterer Kreis
an dem großen Ereignis der Menschwerdung
Christi teil, und um die Jungfrau herum
ist alt und jung das Christkind verehrend
auf die Kniee gesunken, aber je weiter vom
Centrum entfernt, desto gleichgültiger zeigt

den soll, wieder andere tauschen in ruhiger
Unterhaltung ihre Erlebnisse aus, und hier
und dort erscheint eine Porträtgestalt in
dem bunten Durcheinander.

Alle diese Bilder sind später entstanden,
wie die berühmte Anbetung der Könige
(Abb. 59), die Botticelli für Santa Maria

Novella malte und die heute gleichfalls in den Uffizien bewahrt wird. Keinem der vielen Werke des Meisters spendet Vasari größeres Lob, keinem hat er eine so eingehende Be schreibung gewidmet. „Gewiß ein ganz wunderbares Werk," ruft er aus, „in Ko lorit, Zeichnung und Komposition von sol cher Schönheit, daß es heute noch jeder Künstler mit Stau nen betrachtet." Und in der That findet dies Gemälde in der miniaturartigen Fein heit und Sicherheit der Zeich nung, in der Verschmelzung der Lokaltöne und in der heiter- harmonischen Farben stimmung in der Kunst Bot= ticellis nicht seinesgleichen. Es ist überdies mit einer solchen Meisterschaft der Per= spektive ausgeführt, daß sich auf dem beschränkten Flächen raum mehr als dreißig Per sonen mit der größten Frei heit bewegen.

Im dunkelgrünen, pelz= gefütterten, über und über mit Goldstickerei bedeckten Mantel kniet der alte Cosimo de' Medici, der Vater des Vaterlandes, vor dem segnen den Christkind, dessen Füß chen er voll Ehrfurcht mit einem Tuch erfaßt hat, um es zu küssen. Vasari be= wunderte in diesem seinen, mit aufopferndem Fleiß und vollendeter technischer Mei= sterschaft durchgeführten Grei senporträt den Ausdruck der Freude, am Ziel der langen Wanderschaft zu sein, des Glückes, den Ersehnten des Menschengeschlechtes endlich begrüßen zu dürfen. Ganz in der Mitte im Vordergrunde, fast von hinten gesehen, kniet Cosimos Sohn Piero in schar lachrotem, hermelingefüttertem Mantel, er wendet sich zum jüngeren Bruder, dem früh verstorbenen Giovanni, der gleichfalls nieder gekniet ist, dem Kinde seine Gabe in golde nem Gefäß zu opfern. Zwischen beiden steht der Sohn Pieros, der unglückliche Giuliano, der Vater Papst Clemens' VII., in prächtige

dunkle Gewänder gehüllt, das ausdrucksvolle, schwermütige, von schwarzen Locken umrahmte Antlitz gesenkt. In Berlin und Bergamo (Abb. 60) werden noch zwei andere Bildnisse von Botticellis Hand bewahrt, die den Lieb ling der Florentiner in ganz ähnlicher Hal tung zeigen, welcher der folgenschweren

Abb. 60. Porträt des Giuliano de' Medici. Berlin. Museum.
(Nach einer Photographie von Franz Hanfstängl in München.

Verschwörung des Pazzi zum Opfer fiel, der sein Bruder Lorenzo wie durch ein Wunder entkam.[*] Der „Magnifico," wohl zweifellos der Besteller des Bildes, erscheint ganz links im Vordergrunde, die beiden

[*] Unter den Bildnissen, die in dieser Epoche entstanden und noch erhalten sind, ist das Frauen porträt in Frankfurt a. M. vielleicht allen an deren überlegen (Abb. 61).

5*

Abb. 61. Frauenporträt. Frankfurt a. M. Städelsches Institut.
(Nach einer Photographie von Braun, Clément & Cie. in Dornach i. E., Paris
und New York.)

ein persönliches Fort=
leben im Gedächtnis
der Nachwelt zurück=
geben? Man betrachte
jeden dieser Porträt=
köpfe einzeln, man stu=
diere die meisterhaft
modellierten Hände,
den jeder Bewegung
gewissenhaft ange=
paßten Faltenwurf,
und man wird Va=
saris Bewunderung
verstehen, man wird
aber auch bemerken,
daß Botticelli auf
die Durchführung der
Porträtgestalten weit
größere Sorgfalt ver=
wandt hat, wie auf
die Idealgestalten
Marias und Josephs.
Gewiß entsteht so ein
leiser Mißklang zwi=
schen der inneren Be=
deutung und der äu=
ßeren Erscheinung
dieser Hauptpersonen,
aber er wird gemil=
dert durch die ein=
heitlich ruhige Stim=
mung, die das Ganze
bewegt, durch den
schönen Zusammen=
klang maßvoll be=
wegter Empfindun=
gen, die sich bei Bot=
ticelli selten so edel,
so würdig, so ruhevoll
geäußert haben.

Mit dieser An=

Hände über den Schwertknauf gelegt in
dunkelrotem, goldgesticktem Wams mit blauen
Ärmeln. Er gleicht dem Bruder nicht
nur in der unbeweglichen Ruhe des nach=
denklich gesenkten Blickes, sondern auch
in der Bildung des Kopfes, der Haar=
tracht und der vornehm abwartenden Hal=
tung. Alle Anhänger des Hauses Medici
nehmen an der feierlichen Handlung teil,
aber wer will heute ihre Namen nennen,
wer will der glänzenden Versammlung, die
hier der Magnifico um die Begründer
seines ruhmreichen Geschlechtes geschart hat,

betung der Könige, die kurz vor oder
unmittelbar nach dem römischen Aufent=
halt des Meisters entstanden sein muß,
trat Botticelli mit einem Schlage in die
erste Reihe der Künstler, die Lorenzo mit
seinen Aufträgen ehrte. Er scheint bis
in den Beginn der neunziger Jahre fast
ausschließlich im Dienst der Medici und
der ihnen verwandten und befreundeten
Tornabuoni thätig gewesen zu sein, er hat
die glanzvollsten Tage der Mediceer ge=
sehen und ist dem jungen Michelangelo,
dessen Ausbildung Lorenzo übernommen

hatte, im Palazzo Riccardi begegnet. Das Bild jenes glorreichen Zeitalters, in das sich niemand versenken kann, ohne es herbeizusehnen, spiegelt sich aufs deutlichste in den Werken dieser Epoche wieder, wo Botticelli in seinen Venusbildern dieselbe Begeisterung für das klassische Altertum offenbart, wie Argyropulos, Marsilio Ficino, Poliziano und so viele andere in ihren Reden und Schriften.

Vasari führt unter den zahlreichen für Lorenzo Magnifico gearbeiteten Bildern zuerst eine lebensgroße Pallas auf, die in Temperafarben auf Leinwand gemalt ist und erst vor kurzem im Palazzo Pitti wieder aufgefunden wurde (Abb. 62). Unter dem Symbol einer olivenbekränzten Minerva, die einen struppigen Centauren züchtigt, werden hier die Segnungen des Friedens (Abb. 63) und der bürgerlichen Ordnung verherrlicht, die Florenz unter dem Scepter des Medicäers genoß. Die Göttin traf den bärtigen Unhold, mit Bogen und Köcher bewaffnet, auf verbotenen Wegen umherschweifend

Abb. 62. Pallas Athene einen Centauren züchtigend. Florenz. Palazzo Pitti.
Nach einer Photographie von Giacomo Brogi, Florenz.

am Fuße eines schroff in die Höhe steigen-
den Felsgebildes, wo kein Entrinnen möglich war. Schnell hat sie den Halbmenschen,
aus dessen geängstetem Blick das böse Gewissen nur zu deutlich redet, an einem

den sie auf dem Rücken trägt, um die
Zeusgeborene auf der Erde festzuhalten.
Die selbständige höchst naive Auffassung
der Antike, der liebenswürdige Humor der
Schilderung verleiht diesem Bilde, das

Abb. 63. Kopf der Pallas.
Nach einer Photographie von Gebr. Alinari, Florenz.

Haarbüschel erfaßt, die wohlverdiente Züch-
tigung mit göttlich-überlegener Ruhe und
weiblicher Grazie erteilend. Dabei schwebt
sie in ihren flatternden über und über mit
den Ringen der Medici verzierten Gewändern so leicht über den grünen Rasen
dahin, daß man meint, es bedürfe der
schweren Lanze und des mächtigen Schildes,

jahrhundertelang nur in Fragmenten nach
einer Zeichnung der Uffizien und nach einem
Teppich des Grafen von Baudreuil bekannt
war, einen besonderen Reiz, es bietet aber
auch als eine sehr glücklich erfundene Huldigung des Hauses Medici ein eigentümliches kulturhistorisches Interesse dar.

Ein Stück köstlichen Humors, wie ihn

Botticelli nur selten zu äußern verstand, erfrischt das Auge auch in dem Mars- und Venus- bild der Londoner National- galerie (Abb. 64). Aber es sind doch nicht die mutwilligen Satyrknaben, welche mit den schweren Waffenstücken des Kriegsgottes ihr Spiel treiben, die uns hier am meisten ent- zücken; das heimliche Glück der Liebe menschgewordener Götter, die nie den Schmerz gekannt, ist hier mit so kind- licher Einfalt und keuscher Zurückhaltung, mit so fein- sinnigen Zügen tief poetischen Verständnisses geschildert, daß der Anblick des Bildes im Be- schauer die zartesten Regungen seines Inneren wecken muß. Der schlafende Gott, wahr- scheinlich Giuliano de' Medici selbst, „il bel Giulio“, wie ihn die Florentiner nannten, ent- hüllt fast ganz die herbe Schön- heit seiner kräftigen Glieder, ruhig hebt sich und senkt sich die mächtige Brust und aus dem geöffneten Munde des zurückgesunkenen Hauptes mei- nen wir die tiefen Atemzüge des Schlummernden zu ver- nehmen. Er schläft den traum- losen Schlummer der Jugend, alle Spannkraft ist verschwun- den und die gelösten Glieder haben die bequemste Lage ge- sucht. Venus bewacht den Schlummer des Geliebten; sie hat sich ihm gegenüber im schattigen Myrtenhain gela- gert; in holde Liebesträumerei versunken, wie etwa Tizians berühmte Frauengestalt in der Borghesegalerie, schaut sie in die Ferne, leidenschaftslos, wunschlos, glücklich im völli- gen Genügen, im Bewußtsein, zu lieben und geliebt zu sein. Ein faltenreiches weißes Kleid, mit goldenen Säumen verziert, umhüllt die schlanken Glieder der Liebesgöttin, die uns so

menschlich begegnet und nur durch die strahlende Heiterkeit ihres Wesens den olympischen Ursprung verrät. Dürfen wir auch in ihr eine Porträtdarstellung erkennen? Fast muß man es glauben, vergleicht man die beiden herrlichen Venusdarstellungen,

Wer die wunderbare Schöpfung Botticellis, die sich „Primavera" (Abb. 66) nennt und stofflich einem Festgedicht Polizians entnommen ist, recht genießen will, der versuche, sich die ursprünglichen Farben des stark nachgedunkelten Temperabildes wieder-

Abb. 65. Kopf der Venus.

welche Botticelli um dieselbe Zeit für eine der Villen der Medici wahrscheinlich für Careggi gearbeitet haben wird. Erscheint hier einerseits in der „Primavera" derselbe individuelle Frauentypus noch einmal in der reizenden Erscheinung der wandelnden Liebesgöttin in der Mitte (Abb. 65), so hat andererseits Botticelli in der Geburt der Schaumgeborenen dem eigenen, der Antike sich nähernden Venusideal den reinsten Ausdruck verliehen.

herzustellen. Als der Himmel noch in strahlender Bläue durch das leuchtende Grün der Orangen und Myrten hindurchschimmerte und hundertjähriger Staub noch nicht die goldenen Früchte und weißen Blüten der dichtbelaubten Bäume verdunkelt hatte, als das Gras der Wiese noch grün und die zahllosen Blumen noch frisch waren, da muß der Frühlingszauber dieser Landschaft noch überwältigender gewesen sein.

Abb. 46. Primavera. Florenz, Akademie. Nach einer Photographie von Madame Breil, Florenz.

Gewiß, an äußerem Reiz hat das Gemälde im Laufe der Jahrhunderte verloren, sein innerer Wert läßt sich aber auch heute noch um so schneller begreifen, als die überlebensgroßen Figuren sich verhältnis- mäßig guter Erhaltung erfreuten.

In weißem, goldverziertem Gewand, blickt sie den Beschauer mit holdem Lächeln an. Über ihr starrt fröhlich der mut- willige Amor mit verbundenen Augen, im Begriff, einen flammenden Pfeil auf die drei Grazien zu richten, die in durchsichtige Schleier gehüllt, in leicht schwebendem Rhythmus vor der Liebesgöttin einen Frühlingsreigen

Abb. 67. Die drei Grazien.

wie im Londoner Bilde, erscheint die schlanke Venus, — wahrscheinlich das Bildnis der Geliebten Giulianos, dessen eigenes Porträt man hier im Merkur erkennen will — in der Mitte gerade vor einem üppig wuchernden Myrtengebüsch. Der rote, gold- gestickte Mantel ist über die erhobene Rechte herabgesunken, sie schreitet langsam vor- wärts, und das mit goldgewebten Schleiern geschmückte Haupt ein wenig zur Seite gesenkt, tanzen (Abb. 67). Vor ihnen verscheucht Merkur, eine herrliche Jünglingsgestalt, die uns sofort an den schlummernden Mars erinnern muß, das leichte Gewölk mit seinem Heroldsstab, hinter ihnen naht Primavera selbst von der fliehenden Flora begleitet, die der stürmische Zephyr umarmen will. Die Frühlingsgöttin ist eher häßlich als schön von Angesicht, aber eine wunderbar phantastische Schöpfung, vielleicht die be-

Abb. 65. Geburt der Venus. Florenz, Uffizien. Nach einer Photographie von Anderson, Rom.

Abb. 69. Zwei Windgötter aus der Geburt der Venus.
Nach einer Photographie von Giacomo Brogi, Florenz.

deutendste allegorische Gestalt, welche die
Renaissance geschaffen hat. Ein üppiger
Zweig wilder Rankrosen dient ihr als
Gürtel, das mit unzähligen Blumen ge=
schmückte Gewand zusammenzuhalten, ein
dichter Kranz frischer Wiesenblumen um=
schließt statt schimmernder Juwelen ihren
Hals und ein Diadem weißer Primel und
blauer Cyanen ist in die blonden Haare
geflochten. Fröhlichen Mutes kommt sie
geschäftig daher, aus der unerschöpflichen
Blütenfülle in ihrem Schoß die duftenden
Kinder des Frühlings der Liebesgöttin auf
den Pfad zu streuen. Eiliger noch stürzt
die in einen zarten Schleier gehüllte Flora
herbei, dem geflügelten Zephyr zu ent=
rinnen. Aber schon hat der pausbäckige
Windgott den Arm um die Schulter der

erschrockenen Göttin geschlungen und bei
dieser Berührung sprossen, wie die Verse
Polizians erzählen, Rosen, Anemonen und
Nelken aus ihrem geöffneten Munde hervor.

Überall ist die Stimmung heiter und
gehalten, nichts ist übertrieben in Bewe=
gung und Ausdruck: der Triumphzug der
Venus, den wir im flüsternden Orangen=
hain belauschen dürfen, zieht still und
geheimnisvoll wie ein schwankendes Traum=
gebilde an dem trunknen Blick vorüber.
Keine bacchantischen Tänze begleiten ihn:
nirgends äußert sich die Begierde nach
raschem, zügellosem Genuß: aber wir mei=
nen die Glückseligkeit des Augenblickes mit=
zuempfinden, den Himmel und Erde mit
ihren schönsten Gaben schmücken, den selige
Götter mit so himmlischer Ruhe genießen,

als dürften sie täglich solche Feste feiern. Das ist der beglückende Inhalt dieser genialen Schöpfung, an welcher die Harmonie des Ausdrucks und der Gedanken vielleicht am höchsten zu preisen ist, wie sie sich so rein nur noch in einem Gemälde Botticellis wiederfindet, der Geburt der Venus, die er gleichzeitig für denselben Kreis genußfroher Menschen geschaffen hat.

> . . . Frau Schönheit ist's,
> Von deren Lobgesang
> Noch zittert Herz und Hand,
> Die du so oft erkannt
> Am fliegend goldnen Haar,
> Am flatternden Gewand.

Mit diesen Versen aus einem Schönheitshymnus Rossettis läßt sich der poetische Zauber, welcher die Geburt der schaumgeborenen Aphrodite umschwebt, vielleicht am ersten in Worte fassen (Abb. 68). Das Festgedicht Polizians auf ein Turnier des Giuliano de' Medici scheint auch diesmal die unmittelbare Anregung gegeben zu haben; verraten doch überdies Primavera und Geburt der Venus eine tief innerliche Verwandtschaft.

Ein eng verschlungenes Paar vonumflatterter Windgötter hat eben die leichte vergoldete Muschel ans Land getrieben, auf welcher Venus über den weiten Ocean dahergeschwommen kam (Abb. 69). Leise plätschernd umspielen die Wogen das schwankende Fahrzeug, auf dessen Rand die reizende Liebesgöttin steht, Brust und Schoß mit keuscher Gebärde bedeckend. Eine unendliche Fülle goldenen Haars umflattert die Himmlische, welcher die dienende Hore schon den ausgebreiteten Mantel entgegenhält, der über und über mit Frühlingsblumen bedeckt ist. Man hat diese Gestalt, von welcher das Berliner Museum eine schwächere Wiederholung bewahrt, mit Recht als das schönste Venusbild der neueren Kunst gepriesen; es läßt sich wohl überhaupt nur mit der schlummernden Venus des Giorgione in Dresden vergleichen, wo uns ebenso die Reinheit der Seele entzückt, die in der keuschen Hülle eines vollendet schönen Weibes Wohnung genommen hat. Wie eine Sage aus dem goldenen Zeitalter Saturns, das Marsilio Ficino in seinen Briefen mit so glühenden Farben geschildert

Abb. 70. Giovanni Tornabuoni im Kreis der sieben freien Künste. Paris. Louvre.

hat, redet dies Bild zu uns, vor welchem sich der Beschauer bald als unberufener Zeuge eines der heiligen Geheimnisse fühlt, welche die Natur im großen Buche ihrer Wunder verborgen hat. So wahr ist dieser Vorgang geschildert, so lebendig wirkt der jungfräuliche Reiz der atmenden Göttin, so unwiderstehlich die stürmische Bewegung ihrer Diener, daß wir das zitternde Rauschen des Lorbeerhains, das leise Plätschern der Wellen zu vernehmen glauben und mit Spannung den Augenblick erwarten, wo die Schaumgeborene wirklich aus Land steigen wird.

Steht Botticelli in allen seinen Schöpfungen für das Haus der Medici auf dem Boden des Humanismus, so setzte er in den Wandgemälden, die er in der bei Fiesole gelegenen Villa der Tornabuoni ausführte, die ehrwürdigen Traditionen des Mittelalters fort. Der reiche Giovanni Tornabuoni, ein Freund und Onkel des Magnifico, hat jahrzehntelang die ersten Maler und Bildhauer seiner Vaterstadt beschäftigt. Ghirlandajo schuf in

seinem Auftrag die monumentalen Fresken im Chor von Santa Maria Novella, und für ihn meißelte Verrocchio das berühmte Sarkophagrelief im Bargello. Die im Jahre 1486 vollzogene Vermählung seines Erstgeborenen Lorenzo mit Giovanna degli Albizzi scheint endlich die Veranlassung geboten zu haben, Botticelli mit der Ausmalung jener Villa zu betrauen. Die arg zerstörten Fresken, die im Jahre 1873 in der Villa Lemmi unter der Tünche entdeckt wurden und sich seit 1881 im Louvre befinden, schildern auf der einen Seite den Neuvermählten, der in den Kreis der sieben freien Künste eingeführt wird, auf der anderen die junge Frau, welcher die vier Kardinaltugenden ihre Gaben darbringen. Verherrlicht das erste Gemälde (Abb. 70), wo die Dialectica den schüchternen Lorenzo dem Kreis der Schwesterkünste vorstellt, die sich um den Thron der Philosophie geschart haben, die reiche Bildung des jungen Tornabuoni, so preist das zweite Fresko, das leider so zerstört ist, daß wir den eigentlichen Vorgang nicht mehr feststellen können,

Abb. 71. Giovanna degli Albizzi empfängt die Gaben der vier Kardinaltugenden. Paris. Louvre.

Giovanna degli Al=
bizzi als das Muster
aller Tugenden (Abb.
71). Die Darstellung
der sieben freien Künf=
ste, als Personifika=
tionen der Wissen=
schaften, findet sich
in Florenz schon am
Campanile Giottos
und in den Male=
reien der spanischen
Kapelle. In Marmor
gehauen scharen sie sich
in Neapel um das
Grab König Roberts,
des Freundes Petrar=
cas, in Erz gegossen
schmücken sie das Mo=
nument Sixtus' IV.
in St. Peter in Rom.
Aber weder hier, noch
in den Gemälden des
Melozzo da Forli in
Urbino oder in Pin=
toricchios Malereien
im Appartamento
Borgia ist die Philo=
sophie so deutlich als
Königin aller Wissen=
schaften charakterisiert,
wie sie Raffael end=
lich in der Schule von
Athen verherrlicht hat.

Abb. 72. Detail aus der Villa Lemmi. (Nach einer Photographie von Braun,
Clément & Cie. in Dornach i. E., Paris und New York.)

Dadurch gewinnt Botticellis Fresko in der
That ein eigentümliches Interesse, er ist
auch zugleich vor Raffael der einzige,
welcher die Einzelgestalten in eine anmutig
bewegte Scene zusammengefaßt hat, ohne
die gewissenhafte Charakterisierung der ein=
zelnen Personen aufzugeben. Die thronende
Philosophie, in einen mit goldenen Flam=
men besetzten Mantel gehüllt, hat die Rechte
lehrend erhoben und hält in der Linken
den Bogen; zu ihren Füßen sitzen links
Geometria mit dem Winkelmaß, Astronomia
mit dem Globus, Musica mit der Orgel,
rechts Arithmetica mit einer Zahlentafel,
Grammatica mit Skorpion und Gerte und
endlich Rhetorica mit der halbentfalteten
Schriftrolle. Alle wenden ihre Aufmerk=
samkeit mehr oder minder teilnahmsvoll
dem neuen Ankömmling zu, den eben
Dialectica mit bezeichnender Handbewegung

der huldvoll lächelnden, matronenhaft ge=
kleideten Philosophia empfiehlt.

Nicht Venus und die drei Grazien,
wie es bisher geschah, dürfen wir in den
anmutigen, an die Töchter Jethros in der
Sixtina erinnernden Frauengestalten er=
kennen, welche sich der jungen Gattin Lo=
renzos nahen (Abb. 72), sondern schon wegen
des inneren Zusammenhangs mit dem ersten
Bilde die vier Kardinaltugenden, wie sie
in ganz ähnlicher Weise in Piero della
Francescas berühmtem Bilde in den Uf=
fizien, die Battista Sforza auf ihrem
Triumphwagen begleiten, wie sie bei Dante
(Purgatorium XXXI, V. 107) der Beatrice
als Dienerinnen bestimmt wurden, ehe sie
zur Welt herniederstieg. Aber was die
vier Blumen bedeuten, von denen nur
noch die Stengel erhalten sind, welche die
erste der Frauen der Giovanna in ein

offen gehaltenes Tuch zu legen im Begriff ist, kann schon wegen der schlechten Er= haltung des Bildes schwer entschieden werden. Vielleicht symbolisieren sie ebenso viele Tugenden, deren die Neuvermählte in solch' feierlichem Akt teilhaftig werden soll. in den Uffizien bewahrt wird, einem eng befreundeten Florentiner Edelmann, dem Fabio Segni, und Vasari rühmt, es hätte nicht schöner ausgeführt werden können, ein Urteil, das mit Recht auch heute noch gilt. Wer aber dies außerordentlich wohl=

Abb. 71. Der ungerechte Richter.
(Nach einer Photographie von Giacomo Brogi, Florenz.)

Am Schluß dieser Epoche seiner Ent= wicklung, wo er mehr in Villen und Pa= lästen, als in Kirchen und Kapellen thätig war, wo er unter anderem auch die Zeich= nungen zu einer Novelle Boccaccios für eine Hochzeitstruhe der Lucrezia Pucci entwarf, hat Botticelli endlich die von Vasari als letztes seiner Gemälde beschriebene „Ver= leumdung des Apelles" gemalt (Abb. 71). Der Künstler verehrte dies Bild, das heute erhaltene Tafelbild mit der etwas größeren Anbetung der Königin von Santa Maria Novella vergleicht, vermißt in den Gesich= tern die lebendige Farbe und die feine Zeichnung, in den langen hageren Fingern die Knochen und Gelenke. Wer es den wenig jüngeren, ruhe= und schönheitsvollen Venusbildern nähert, wird schmerzlich über= rascht durch die maßlos stürmische Be= wegung der Personen, die unruhig

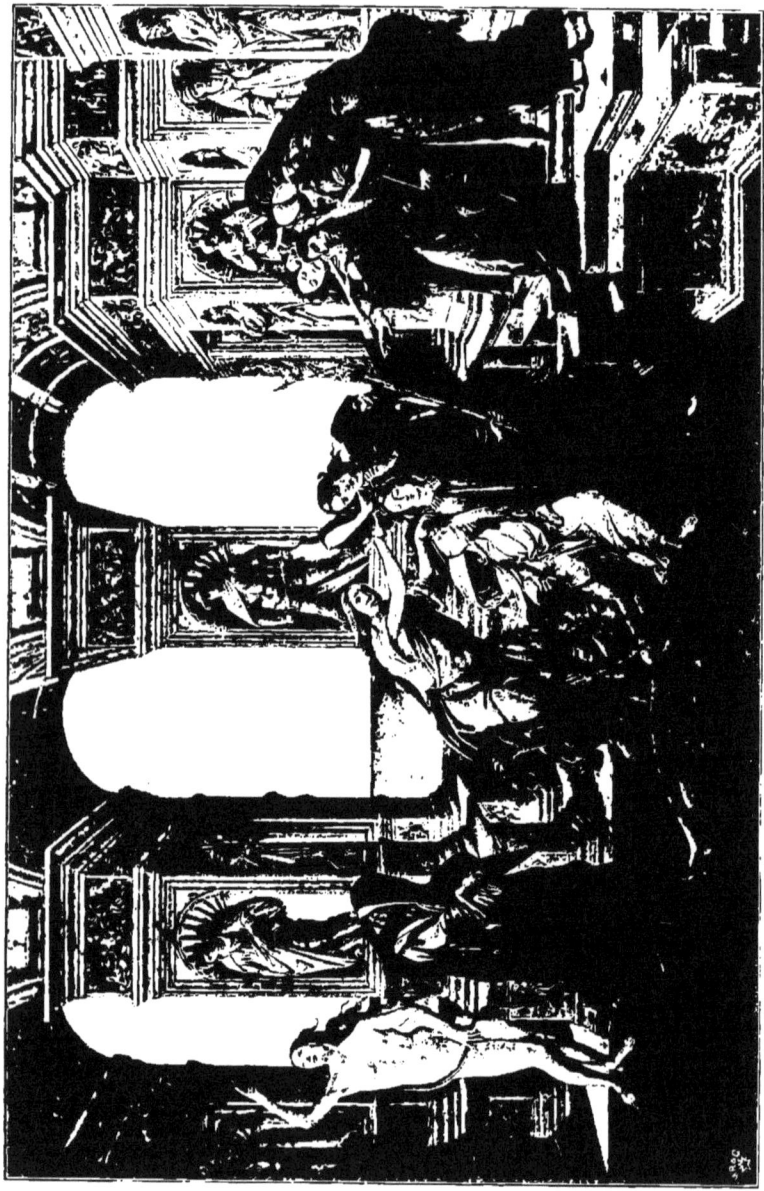

Abb. 71. Die Verleumdung des Apelles. Florenz, Uffizien. (Nach einer Photographie von Giacomo Brogi, Florenz)

6

flatternden Gewänder, den überreichlichen Goldauftrag und den verhängnisvollen, fast grauenerregenden Ausdruck einzelner Köpfe. Allerdings mochte der Gegenstand selbst, der inhaltlich auf eine durch Leon Battista Alberti in der Renaissancekunst populär gewordene Schilderung Lucians zurückgeht, eine leidenschaftlich bewegte Handlung verlangen, er mußte in der That schon an und für sich in einem Menschenherzen Grauen und Mitleid wecken, und doch wird niemand bestreiten dürfen, daß Botticelli in diesem mit einer gewissen Hast, aber mit vollkommener technischer Meisterschaft ausgeführten Gemälde die Sonnenhöhe seines Ruhms bereits überschritten hat.

Alles, was die Kunst vermochte, ist auf die goldene, marmorglänzende Dekoration einer Gerichtshalle verwandt, deren prächtige Pfeilerreihen einen weiten Blick auf die leuchtende Fläche des spiegelglatten Meeres gestatten. Wie in die Wände des ehrwürdigen Florentiner Nationalheiligtums von Orsanmichele, so sind hier lebensgroße Marmorbilder in die Nischen der Pfeiler eingelassen und alle frei gebliebenen Flächen des durch die schönen Verhältnisse ausgezeichneten Renaissancebaues an Sockel, Kapitäl und Wölbung mit reich vergoldeter Bildhauerarbeit geschmückt. Es ist ein Raum, den die Phantasie sofort mit edlen, daseinsfrohen Menschen bevölkert, welche die Tugenden all der marmornen Helden und Heiligen in sich selber wiederfinden; es scheint eine Stätte, wo nur die Weisheit sich hören lassen darf und die Gerechtigkeit geübt wird, ein Zufluchtsort, den Dichter und Denker aufsuchen werden, um in den kühlen Wandelgängen am Meeresstrande auf und ab zu gehen und sich für neue Geistesthaten zu rüsten.

Statt dessen sind wir Zeugen eines grauenhaften Ereignisses. In schneidendem Kontrast zu der marmornen Herrlichkeit umher, in bitterer Ironie auf die ernsten Standbilder von Gerechtigkeit und Tugend an den Wänden, schleppt ein lärmender Haufe einen unschuldig Verleumdeten vor das Tribunal des ungerechten Richters (Abb. 73), der sich mit Krone und Scepter, mit langem,

Abb. 75. Detail aus der Verleumdung des Apelles.
Nach einer Photographie von Giacomo Brogi, Florenz.

Abb. 76. Neue und Wahrheit.
(Nach einer Photographie von Giacomo Brogi, Florenz.)

grünem Mantel bekleidet, auf reichverzier=
tem Throne niedergelassen hat. Zwei
seltsame Frauengestalten, „Unwissenheit"
und „Argwohn," entsetzenerregend in der
unwiderstehlichen Leidenschaft ihrer Ge=
bärden, in der schleichenden Hast, mit
welcher sie dem Sitzenden flüsternde Worte
in die langen Eselsohren zuraunen, stehen
rechts und links vom Throne. Man sieht,
wie der schwankende König den leisen Be=
schwörungen der beiden sich hingibt und
sich vorbeugt, die lauten Reden des
„Neides" zu vernehmen, die dieser mit
fast befehlender Gebärde vorträgt. Es ist
ein unheimlicher Mann mit struppigem
Bart und Haar, bleich und mißgestaltet,
mit zerrissenen Gewändern, der die Linke
beteuernd gegen den Richter emporhebt und

mit der Rechten die „Verleumdung" herbei=
führt, die eine brennende Fackel als trü=
gerisches Symbol ihrer Wahrheitsliebe vor
sich herträgt (Abb. 75). Eilig stürzt sie herbei,
mit der Linken erbarmungslos das Opfer
ihrer Ränke an den Haaren herbeizerrend,
einen nackten Jüngling, der, seine Unschuld
beteuernd, die gefalteten Hände zum Himmel
emporgehoben hat. Anmutig scheint sie
und verschlagen, sie ist in köstliche Ge=
wänder gehüllt und so stürmisch in ihrem
Thun, daß die geschäftigen Begleiterinnen
„List" und „Täuschung" nicht mehr Zeit
fanden, den Kopfschmuck zu vollenden, und
noch eifrig beschäftigt sind, ihr den Strauß
duftender Rosen in die fliegenden goldenen
Haare zu flechten.

Langsamen Schrittes naht hinter den

hurtig vorwärtsstürmenden die quälende
„Reue" (Abb. 76). Die hagere häßliche Alte
ist vom Kopf bis zu den Füßen in zerrissene

Anadyomene frei nachgebildeten Frauenge=
stalt, welche, den Blick nach oben gerichtet, die
Rechte beschwörend gen Himmel erhoben hat.

Abb. 77. Die Ausgestoßene. Rom. In der Sammlung des Fürsten Pallavicini.
Mit gütiger Erlaubnis des Herrn Domenico Anderson in Rom reproduziert.

Trauergewänder gekleidet; sie hat die
zitternden Hände in abwartender Haltung
über den Schoß zusammengelegt und das
grämliche Gesicht nach der nackten Wahr=
heit umgewandt, einer schlanken, der Venus

Das volle Licht des Tages flutet von
allen Seiten in die luftigen Räume, bricht
sich im goldenen Marmorschmuck der Wände
und beleuchtet grell die merkwürdige Scene,
welche nur noch inhaltlich unter die dem

Altertum entlehnten Schilderungen gehört, in Form und Ausdruck aber viel späteren Werken Botticellis aufs engste verwandt ist.

Etwa gleichzeitig mit der Verlenmödung des Apelles mag das merkwürdige Bildchen beim Fürsten Pallavicini entstanden sein, das erst kürzlich in weiteren Kreisen bekannt geworden ist, und die modernen Geister fast noch mehr erregt als Botticellis Madonnen= und Venusbilder, obwohl es sich keineswegs sonderlich guter Erhaltung erfreut (Abb. 77). Vor dem geschlossenen Thor eines monumentalen Florentiner Frührenaissancepalastes sitzt auf einer Steinbank, nur mit einem zerrissenen Hemde bekleidet, ein unseliges Weib, das Haupt, über welches die dunklen strähnenartigen Haare herabfallen, schluchzend in ihren Händen verborgen. Um sie her am Boden liegen ihre Kleider zerstreut, aber sie hat nicht mehr die Kraft und den Willen, die zitternde Blöße ihres Leibes zu decken. Schon spielt das falte graue Licht des Morgens um die Quadermauern des Palastes, aber noch naht sich kein menschliches Wesen, die Jammernde zu trösten.

Welche Geheimnisse mag diese Brust verschließen? Was würden die Lippen, was würden die Augen erzählen, könnten wir das Haupt emporrichten, das jetzt in hoffnungslosem Schmerz herabgesunken · ist? Alle Zeitgenossen rühmen den Schüler Fra Filippos im Leben als einen liebenswürdigen Mann voller Humor und Heiterkeit. In seiner Kunst ist Botticelli der Apostel des Schmerzes gewesen. Die klagend gedämpfte Wehmut seiner Madonnen steigert sich in dieser Ausgestoßenen zu einem so elementaren Ausbruch untröstlichen Jam-

mers, daß wir in der Poesie und auch hier nur bei Thalespeare allein den entsprechenden Ausdruck zu finden vermögen für das was die bildende Kunst so wunderbar gestaltet hat. Den Beginn des 29. Sonnetes mag man getrost unter Botticellis Gemälde setzen:

When, in disgrace with fortune and men's eyes.
I all alone beweep my outcast state.

Vom Schicksal preisgegeben, bei den Menschen in Ungnade, ganz allein in Thränen, ausgestoßen — braucht es noch weiterer Worte, um die Stimmung dieses Bildes zu bezeichnen, dessen Deutung am Ende ein jeder am besten in sich selber findet?

Die eigentlich charakteristischen Äußerungen aber des inneren Lebens Botticellis in den goldenen Tagen des Lorenzo Magnifico bleiben doch die Venusdarstellungen, Primavera vor allem, und die Geburt der Aphrodite. In diesen Schöpfungen spiegelt sich mit wunderbarer Treue der Glaube an die Antike wieder, der damals alle Welt beglückte.

Aber ach, keines Sterblichen Fuß wird auf irdischer Wallfahrt jenes Land erreichen, wo Sinnenglück und Seelenfrieden eins. Ein fröstelndes Erwachen schreckte auch Botticelli auf aus seinen Träumereien, als die Donnerstimme Savonarolas sein Ohr erreichte: erschrocken suchte er nach einem Halt für Leben und Sterben, die Götter Griechenlands sanken wie Phantasmen in die Tiefe, und immer klarer, immer leuchtender hob sich aus dem dämmernden Meer der Kindheitserinnerungen das reine Symbol der christlichen Kunst, Maria, die Gottesmutter, empor.

IV.

Die Predigten Savonarolas und der persönliche Einfluß des großen Domini-kanermönchs haben nicht nur das Madonnen-ideal der späteren Jahre Botticellis neu und eigenartig gestaltet. Wie der Künstler schon in der Wahl der ausschließlich biblischen Gegenstände durch Fra Girolamo bestimmt wurde, so spricht des Bußpredigers herber Geist auch sonst aus einigen der

übrigens wenig zahlreichen Tafelbilder der letzten zwei Jahrzehnte seines Lebens. Allen diesen Gemälden ist eine gesteigerte Empfindung eigen, vielen eine unerhörte Leidenschaftlichkeit in Ausdruck und Bewegung. Daneben häufen sich die Figuren, die Farbentöne werden kalt und düster und die Durchführung der Einzelheiten geschieht nicht mehr mit derselben Sorgfalt wie

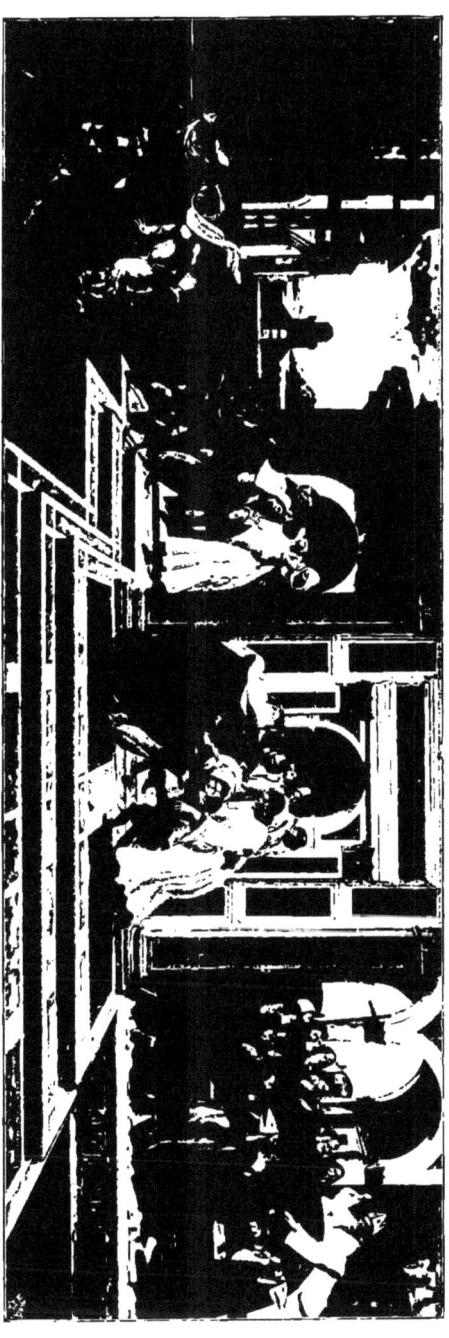

Abb. 78. Aus dem Leben des heiligen Zenobius. Galerie Dresden. (Nach einer Photographie von Braun, Clément & Cie. in Dornach i. E., Paris und New York.)

früher. Vier kleine Längstafeln mit Scenen aus dem Leben des heiligen Zenobius, die heute in London, Florenz und Dresden zerstreut sind (Abb. 78), offenbaren fast alle diese Fehler auf einmal: die mattfarbige Verkündigung in den Uffizien (Abb. 79) wurde sogar Botticelli schon ab-gesprochen, ist aber so reich an zar-ten Zügen, so glänzend gezeichnet und komponiert, daß Schülerhänden höchstens hier und dort die Aus-führung in Farben überlassen sein mag. Wie demütig empfängt Maria, die sich eben vom Betpult erhebt, die Botschaft des knieenden Engels, wie wirkungsvoll ist der Prozeß des ehrerbietigen Übermittelns, des zögernden Empfangens in der er-hobenen Rechten des Engels und der gesenkten Marias zum Ausdruck gebracht.

Hatte Savonarola in der Schil-derung des Verhältnisses Marias zu ihrem Kinde das Mutterglück der Jungfrau als ein durch die prophe-tische Ahnung kommenden Wehs ge-trübtes darzustellen versucht, hatte er betont, wie sich in ihrer äußeren Erscheinung mehr die zitternde Er-wartung eines ungeheuren Schick-sals kundgab, als die reine Freude an ihrem erstgeborenen Sohn, so wußte er andererseits doch ihren Schmerz um den Gekreuzigten auf ein edles Maß zurückzuführen. In den Karfreitagspredigten der Jahre 1494 und 1495 stellte sich der gott-gesandte Mann, dessen glühende Be-redsamkeit den Höhepunkt erreicht hatte, mit seinen atemlos andäch-tigen Zuhörern, welche der mächtige Dom von S. Maria del Fiore nicht mehr zu fassen vermochte, unter das Kreuz, an das Grab des Herrn. Mit ergreifenden Tönen schildert er den letzten Akt des großen Heils-dramas, beim Abschied Christi von seiner Mutter beginnend, bis zur Kreuzerhöhung, und seine Phantasie wird nicht müde, die Qualen dieser letzten Stunden zu erschöpfen. "Aber denke nicht," so heißt es, "daß Maria schreiend durch die Straßen

ging und sich das Haar raufte und sich un-
sinnig gebärdete; sie folgte ihrem Sohn in
Sanftmut und mit großer Demut. Sie ver-
goß auch wohl einige Thränen. Aber äußerlich schien sie nicht traurig allein, sondern
traurig und fröhlich zugleich, so daß die

Michelangelos in St. Peter abgeleitet, aber
auch Botticelli, dessen leicht erregter Sinn
sich noch viel mächtiger von der großen
Persönlichkeit des Dominikaners angezogen
fühlte, konnte sich solchen eindringlichen
Mahnungen nicht entziehen. In den beiden,

Abb. 79. Verkündigung. Uffizien. Florenz.
(Nach einer Photographie von Giacomo Brogi, Florenz.)

Menschen sich wunderten, daß sie sich nicht
wie andere Frauen gebärdete. Und so stand
sie auch unter dem Kreuz, traurig und
fröhlich zugleich und ganz versunken in das
Geheimnis der großen Güte Gottes."

Aus diesen und ähnlichen Äußerungen
Savonarolas hat man von jeher mit Recht
die gehaltene Stimmung, den maßvoll
schönen Ausdruck des Schmerzes der Pietà

um 1500 entstandenen Darstellungen aus
der Leidensgeschichte Christi, den einzigen,
die er je geschaffen, suchte er die innere
Erregung der um den Leichnam des Erlösers beschäftigten Frauen und Männer
nicht in maßlosen Ausbrüchen egoistischen
Jammers zu schildern, sondern in rührenden Beweisen zarter Fürsorge, grenzenloser
Liebe für den Toten.

In der Beweinung im Poldi-Pezzoli-Museum (Abb. 80) zu Mailand, die uns eben-so wie das noch viel bedeutendere Münchener Gemälde an den Eingang des offenen Felsen-grabes führt, ist Maria bewußtlos in die Arme des von grimmigem Schmerz be-wegten Lieblingsjüngers Christi gesunken. Maria Magdalena hat in stiller Fassung die Füße, die sie einst gesalbt, umfaßt, eine andere der heiligen Frauen ist beschäf-tigt, liebevoll das blutige Haar des Ge-marterten zu trocknen, und nur eine dritte hat, unfähig ihren Jammer zu beherrschen, das Angesicht schluchzend in ihrem Mantel verborgen. So haben sie alle, im Abgrund ihres Jammers versunken, sich und die Welt vergessen, und nur Joseph von Ari-mathia, welcher hoch über den Frauen in der geöffneten Grabesthür erscheint, hält mit lautem Stöhnen Dornenkranz und Nägel in die Höhe.

Die Münchener Beweinung (Abb. 81) ist äußerlich und innerlich dem Mailänder Bilde aufs engste verwandt, aber die kunst-voll aufgebaute horizontale Komposition läßt noch Raum für die heiligen Petrus, Paulus und Hieronymus, die, ein wenig ab-seits stehend, in ernster Andacht ihren Hei-land betrauern. Der Vorgang ist hier noch dramatischer geschildert wie vorhin, der Schmerz äußert sich heftiger, die Farben sind düsterer, und durch eine außerordent-liche Kunst der Perspektive fühlt sich der Beschauer viel mehr als Teilnehmer der im schaurigen Dunkel des Grabes vor sich gehenden Handlung, wie im Mailänder Gemälde. Im toten Christus bewundern wir den herben Realismus, in seiner halb-ohnmächtigen Mutter den Ausdruck edler Resignation, in den Männern und Frauen rings umher das schöne Maß von Schmerz und Liebe, die sich bald heftiger, bald ge-linder äußern und alle miteinander in gleicher Weise erfüllen.

Die Tafelbilder Botticellis lassen sich nur bis zum Jahre 1500 verfolgen, bis zu jener von ihm selbst mit Jahreszahl und Namen bezeichneten Anbetung der Könige in London, in welcher er seiner Begeisterung für Savonarola einen so selt-samen Ausdruck verlieh. Selbst wenn man die im XVII. Jahrhundert grell über-malte Anbetung in den Uffizien mit den nicht weniger merkwürdigen Bildnissen des Savonarola und des Lorenzo de' Medici links neben Joseph später entstanden lassen sein will, so genügt dies Gemälde nicht, um die lange Frist der letzten zehn Jahre im Leben eines rastlos schaffenden Genies auch nur annähernd auszufüllen. Überdies stand Botticelli noch im rüstigen Alter von 58 Jahren, als er am 17. Mai des Jahres 1510 in der Heimat starb; er war also erst 48 Jahre alt, als er sein letztes, uns mit Bestimmtheit bekanntes Tafelbild vollendete, ein Werk, so meisterhaft in der Technik, so wahr im Ausdruck, so originell in der Erfindung, daß es Vasaris aben-teuerliche Behauptung, der Künstler habe als Nachfolger Savonarolas überhaupt nichts mehr geleistet, aufs nachdrücklichste Lügen straft. Was mag nun den thätigen Meister, dessen unermüdlichen Fleiß die Zahl seiner Werke so unwiderleglich bezeugt, das letzte Dezennium eines sich in Arbeit ver-zehrenden Lebens beschäftigt haben? Sind wir nicht berechtigt, von seiner geübten Hand noch köstliche Werke zu erwarten, abgeklärte Äußerungen eines gereiften Ver-standes, eines ungeheuer beweglichen, immer sich erweiternden, immer sich vertiefenden inneren Lebens?

Der Biograph von Arezzo, dessen Nach-richten über Botticellis letzte Lebensjahre nur geringe Ansprüche auf Glaubwürdigkeit erheben können, flicht doch eine Notiz in das schwer zu entwirrende Gewebe von Wahrheit und Dichtung ein, die uns den Weg zeigt, auf welchem wir die äußere Thätigkeit und die innere Entwickelung des Künstlers bis an sein Ende verfolgen können. „Als ein Mann von tiefen Ge-danken," heißt es hier unter anderem, „kom-mentierte er einen Teil Dantes, illustrierte das Inferno und ließ es drucken; und da er auf diese Dinge viel Zeit verwandte und nichts anderes mehr arbeitete, so folgten daraus für sein äußeres Leben Un-ordnungen ohne Ende."

Ein tiefes Interesse für die Persönlich-keit Dantes, eine umfassende Kenntnis der göttlichen Komödie, deren Inhalt den Flo-rentiner Künstlern von Giotto bis auf Michelangelo geläufig gewesen ist, kommt hier und dort schon in früheren Werken Botticellis zum Ausdruck. Nach Giottos berühmtem Bilde in den Uffizien hat er ein Porträt Dantes gemalt, das sich heute

Abb. 80. Grablegung Christi. Mailand. Museo Poldi-Pezzoli.

Abb. 81. Beweinung Christi. München.

in einer englischen Privatsammlung be-
findet, für seine Schilderung der Gottesmutter hat er sich an dem herrlichen
Marienhymnus im dreiunddreißigsten Gesang des Paradieses begeistert und seine
erhabensten Madonnendarstellungen mit dem
tiefsinnigen Motto geschmückt:

Vergine madre, figlia del tuo figlio.

Keins der Tafelbilder aber, die den
Namen Botticelli tragen, offenbart so deutlich das Studium Dantes, wie seine viel-
besprochene Himmelfahrt der Maria, die
im Auftrag des Dichters Matteo Palmieri
schon vor dem Jahre 1475 entstand.
Allerdings gehört die malerische Ausführung
des ganzen Bildes Schülerhänden an und
wird mit Recht dem Botticelli abgesprochen,
aber ebenso sicher liegt Vasaris Behauptung, der Meister habe das Gemälde eigen-
händig ausgeführt, die Wahrheit zu Grunde,
daß Botticelli selbst nach Angaben des ge-
lehrten Bestellers Zeichnung und Komposition
entworfen hat (Abb. 82). Unten stehen auf
einem Hügel, von dem man nach rechts
und links einen unermeßlich weiten Blick
in die bergumkränzte Ebene genießt, die
zwölf Apostel in bewegter Haltung um das
geöffnete Grab Marias, aus welchem unzählige Lilien ihre weißen Häupter empor-
strecken. Palmieri und seine Ehegattin
knieen auf beiden Seiten anbetend in gemessener Entfernung. Über ihnen aber hat
sich der Himmel aufgethan. In neun kon-
zentrischen Reihen, genau in der Ordnung,
wie Dante das Paradies beschreibt, erscheinen in dreimal drei Reihen die heiligen
Heerscharen   la milizia santa — Pa-
triarchen, Propheten, Apostel: Evangelisten,
Märtyrer und Konfessoren: Doktoren, Jung-
frauen und die Scharen der Engel, die
in immer enger werdenden Kreisen den
Thron des höchsten Gottes umgeben, „wie
die Blätterreihen den Kelch einer weißen
Rose.“ Vor diesem Thron kniet die Jungfrau in krystallenem Himmel, wo zahllose
Cherubim das Lob des Allmächtigen preisen und die Erwähltesten des himmlischen
Geschlechts, Petrus und Johannes auf der
einen, Adam und Eva auf der anderen
Seite im Gewimmel der Engelschöre sichtbar werden, genau wie Dante sie gesehen.
Die böswillige Nachwelt hat indessen
nicht nur Dantes Einflüsse in diesem merkwürdigen Bilde erkennen wollen. Matteo

Palmieri selber hatte in einem, dem Dante
nachgebildeten Gedicht, welches er „la città
di Vita“ nannte, das Paradies durchwan-
dert und hier eine ketzerische Ansicht des
Origenes über die bei der Empörung
Luzifers neutral gebliebenen Engel ver-
treten, die man im Gemälde Botticellis
wiederzufinden glaubte. Die Kapelle in
San Pietro Maggiore wurde auf Befehl
der geistlichen Obrigkeit geschlossen und ist
erst nach langen Jahren der Öffentlichkeit
zurückgegeben worden. Das Altarbild aber,
welches durch die ihm zugefügten Unbilden
arg gelitten hatte, wurde von dem letzten
Sproß der Palmieri nach England ver-
kauft und wird heute in der Londoner
Nationalgalerie aufbewahrt.

Ein gütigeres Geschick als das, welches
über Michelangelos in einem Schiffbruch
zu Grunde gegangene Dante-Illustration
waltete, hat Botticellis monumentales Werk,
das fast die ganze göttliche Komödie in
Bildern darstellt, bis auf den heutigen Tag
fast unversehrt erhalten. Wie so vieles
andere im Leben des Meisters, ist auch
die Entstehungszeit dieser gewaltigen Arbeit, die im Auftrag des Lorenzo di
Pier Francesco de' Medici unternommen
wurde, nicht mehr mit Sicherheit nach-
zuweisen. Sie mag schon nach der Rück-
kehr Botticellis aus Rom, teilweise sogar
früher begonnen sein, wurde aber wohl
jedenfalls erst in den letzten Lebensjahren
des Künstlers so weit, wie wir sie heute
vor uns sehen, vollendet. Es wird die
Beschäftigung mit Dante gewesen sein,
welche den alt gewordenen Meister die
Außenwelt vergessen ließ, und wenn wir
auch von einem Dantekommentar Sandros
heute nichts mehr wissen, so bezeugt Vasaris Äußerung doch jedenfalls das ein-
dringliche Studium, welches er dem größten
Dichtergenius Italiens gewidmet hat. Daß
der Künstler über so ernster Gedankenarbeit, als deren herrliche Frucht wir heute
die Illustration der Divina Commedia bewundern, über wiederholten verunglückten
Versuchen, seine, schon von den Zeitgenossen
aufs höchste bewunderten Zeichnungen stechen
zu lassen, äußerlich in Not und Elend
geraten ist, scheint mehr als glaublich,
wenn auch Vasaris Bericht, daß er am
Ende seines Lebens völlig fremder Unter-
stützung anheimfiel, sicher übertrieben ist.

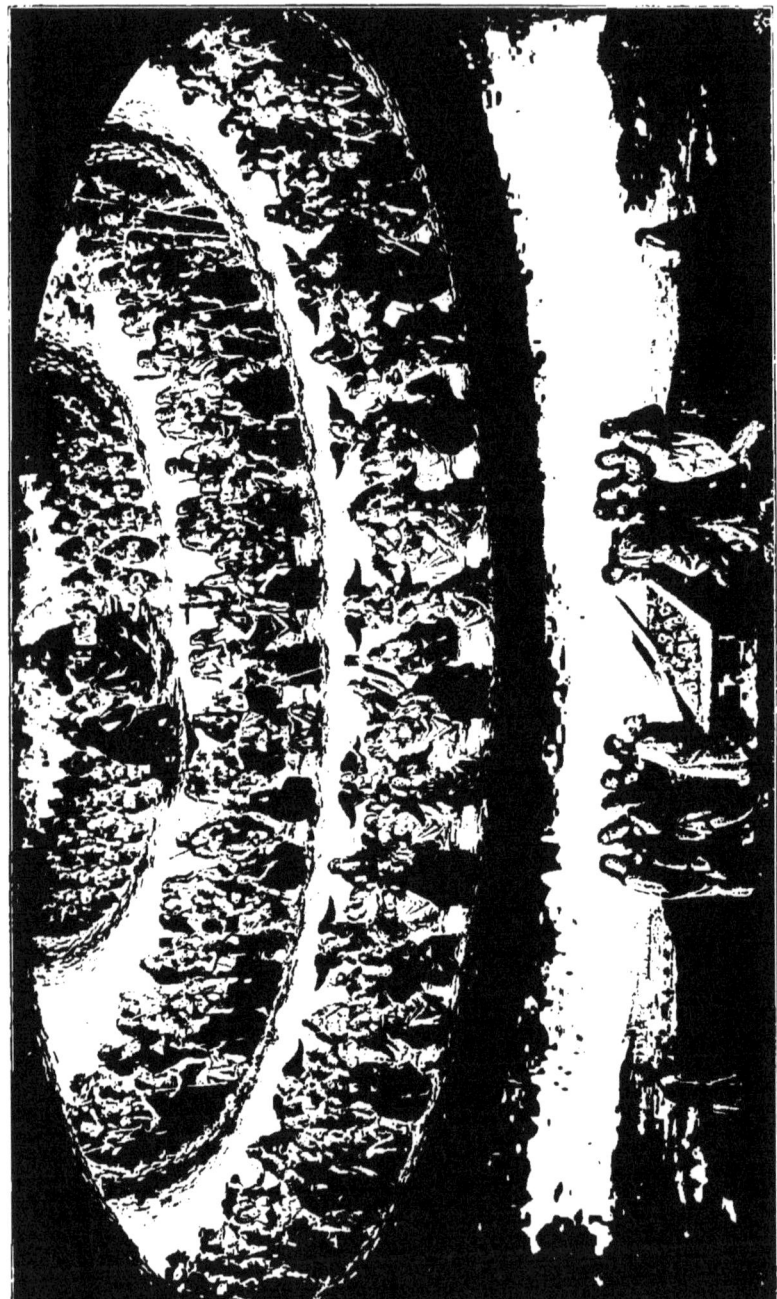

Abb. 82. Himmelfahrt Mariä. London, Nationalgalerie. Nach einer Photographie von Braun, Clément & Cie. in Dornach i. E., Paris und New York

Ist doch überhaupt das ganze Leben Bot=
ticellis in so engen Grenzen verlaufen,
so arm an äußeren glänzenden Erfolgen,
daß es in der Schilderung des Biographen
vollständig in der Aufzählung seiner Werke
aufgeht. Und bezeugen diese am Ende
nicht mehr als Worte die bedeutsame
Stellung, welche der Schüler Fra Filippos
und Verrocchios, der Freund und Zeit=
genosse Lionardos, der Vorläufer Michel=
angelos in der Kultur des Quattrocento
behauptet? Allen Geistesströmungen jener
vielbewegten Zeit ist seine Kunst ein treuer
Spiegel gewesen. Verarbeitet er in den
Madonnenbildern seiner Jugend die volks=
tümlichen Traditionen des Mittelalters, so
scheint er als Maler am Hof Sixtus' IV.
ganz vom Geist tiefsinniger theologischer
Weisheit durchdrungen; aber nach Florenz
in den Dienst der glänzenden Medici
zurückgekehrt, wird er ein begeisterter Herold
der dem klassischen Altertum nacheifernden
Ideale, um endlich alles das, was er bis
dahin erlernt und erstrebt, in der Nachfolge
Savonarolas zu ertöten oder zur letzten
Entwickelung zu treiben.

Wenn er nun, als schon der Feierabend
hereinbrach, den Dante zur Hand nahm,
um dort nach neuen Quellen zu graben,
der dürstenden Seele den letzten Lebens=
trunk zu reichen, mußte er nicht in den
unsterblichen Gesängen von den Welten
des Jenseits die tiefe selige Befriedigung,
die große weltentrückte Ruhe finden, die
er, jeder verheißungsvollen Einwirkung der
Außenwelt sich hingebend, je länger desto
ängstlicher, desto hoffnungsloser gesucht
hatte? Wohlan, freuen wir uns, daß die
melodienreiche Symphonie dieses tief im
Geist verborgenen Künstlerlebens in so
mächtig tönenden Akkorden ausklingt!

Die Zahl der noch erhaltenen Zeich=
nungen und Blätter Botticellis, welche sich
auf Dantes erhabene Dichtung beziehen,
„daran Hand angelegt hat Erd' und Him=
mel," beträgt nicht weniger als 96 und um=
faßt das ganze Werk bis auf sieben fehlende
Gesänge des Inferno II—VII und XIV.
Seit dem Jahre 1881 bewahrt das Ber=
liner Kupferstichkabinett 88 dieser Blätter
— darunter 85 mit Zeichnungen —, die
sich bis dahin in der Hamiltonsammlung
befanden. Acht Zeichnungen zum Inferno,
I, IX. X, XII, XIII, XV und XVI und

eine Gesamtansicht der Hölle, befinden sich
heute in der Vaticana, wo sie bis vor
kurzem einem Handschriftenbande der Kö=
nigin Christine von Schweden aufs Gerade=
wohl eingefügt waren, jetzt aber in besonderer
Mappe so gehütet werden, wie sie es ver=
dienen. Jedes Blatt bringt auf der „Haar=
seite" den Text, auf der „Fleischseite" die
Zeichnung eines Gesanges und ist so an=
gelegt, daß der Leser in übersichtlicher Weise
Text und Zeichnung desselben Gesanges auf
zwei aufeinander folgenden Seiten neben=
einander fand, wenn er den Band auf=
schlug. Sämtliche Zeichnungen wurden mit
dem Stift entworfen und mit der Feder
nachgezogen, und man vermutet, weil eine
Zeichnung in Berlin und drei im Vatikan
-- wohl schwerlich von Botticelli selbst —
in Deckfarben ausgeführt wurden, daß ur=
sprünglich nach Art älterer Dante=Illu=
strationen eine vollständige Ausführung in
Farben geplant war.

Eine fortschreitende Entwickelung in
der tieferen Durchdringung des Stoffes,
in der Feinheit und Sicherheit der Zeich=
nung, in der Übersichtlichkeit der Kom=
position läßt sich klar vom Inferno zum
Purgatorio in aufsteigender Linie verfolgen.
Hier möchte man auch am ersten an einen
zeitlichen Zusammenhang glauben, und
wenn eine Arbeit, die so viel wirkliches
Studium, so tief innerliche Sammlung
verlangte, durch andere Bestellungen des
vielbeschäftigten Künstlers oft unterbrochen
wurde und sich durch lange Jahre hin=
ziehen mochte, so bleibt die episch erzählende
Weise doch immer dieselbe; auf einer Bild=
fläche werden eine Reihe von Vorgängen
nebeneinander entwickelt, und der Faden
spinnt sich bald schneller, bald ruhiger in
leicht bewegtem Tempo bis zum Paradiese
fort. Hier aber gibt sich deutlich eine Ver=
änderung des Grundplans kund. Botticellis
gereifte Einsicht fühlte jetzt die Unzuläng=
lichkeit einer beschreibenden Darstellungs=
weise von Dingen, die nur eines Dichters
erhabene Phantasie geschaut hat, und indem er
sich begnügte, in den stets wechselnden
Mienen und Gebärden der beiden, auf ein=
mal um das Doppelte vergrößerten Ge=
stalten von Beatrice und Dante, den
Widerschein der unbegreiflichen Geheimnisse
Gottes abzuspiegeln, die er nicht zu schil=
dern wagte, stellte er demütig seine Kunst

Abb. 83. Dante. Inferno XXXI.

in den Dienst der Dichtung und hat das Verständnis seiner Zeichnungen von der genauen Kenntnis der Divina Commedia abhängig gemacht. Man kann vielleicht aus solchem Verfahren weitere Schlüsse ziehen und in der peinlichen Gewissenhaftigkeit, mit welcher in der Illustration von Inferno und Purgatorio Scene für Scene des Textes gleichsam kommentiert wurde, den Willen des Bestellers erkennen, der sich sicher nicht mehr geltend machte, als Botticelli im Paradiese jede Interpretation der einzelnen Gesänge aufgab. Hier blieben überdies eine Reihe von Blättern unvollendet, andere wurden nur leicht mit dem Stift skizziert, möchte man da nicht annehmen, daß das Werk niemals ganz an den genannten Besteller, einem kunstliebenden Sproß aus einer Seitenlinie der Medici, abgeliefert wurde, der im Jahre 1503 schon starb, und daß Botticelli die liebgewordene Arbeit auf eigene Hand nach eigener Auffassung fortgesetzt hat? Dann wären die Zeichnungen zu Hölle und Fegefeuer vor 1503, zum Teil wahrscheinlich lange vorher beendet gewesen, und erst nach dem Tode des Lorenzo di Pier Francesco entstand das Paradies, das

allerdings so, wie es heute vor uns liegt, einen Besteller, der im letzten Grunde doch vom Bilde eine Erklärung des Textes erwartete, wenig befriedigt haben mochte.

Ein farbig ausgeführtes Übersichtsblatt des trichterförmigen in neun Kreisen sich verengernden Inferno beginnt die Schilderung, es folgt die köstliche Illustration des ersten Gesanges. Wir sehen Dante einsam und gedankenvoll im dunklen Wald einherschreitend und sehen, wie dem Verirrten von Pardel, Leun und Wölfin Bedrohten der ehrwürdige Virgil zu Hilfe kommt.

Der langbärtige Alte in der eigentümlich-orientalischen Tracht, dem langen Talar, dem kurzen Schultermantel, dem hohen pelzbesetzten Hut, wird nun mit wahrer Meisterschaft als kundiger Führer, tröstender Freund, väterlicher Ermahner und Lehrer des oft verzagten, immer wißbegierigen Dante geschildert, den er erst im neunundzwanzigsten Gesang des Purgatoriums verläßt, nachdem er schon vorher demütig die Führerschaft dem römischen Dichter Statius abgetreten hatte, selber als Heide unfähig, die Glaubensgeheimnisse Gottes zu erklären und zu schauen. Mit staunenswerter Be-

herrschung des Stofflichen, einer Gestal=
tungskraft, die keine Grenzen kennt, einer
Phantasie, die selbst der Dichter nicht über=
treffen konnte, schildert Botticelli alle
Schrecken der Hölle, die wilde Qual der
Verdammten, die teuflische Freude unbarm=
herziger Dämonen. Welch eine Fülle von
Gedanken, welch eine Leichtigkeit, zu er=
finden, welch eine Kunst, zu komponieren
offenbart z. B. die Zeichnung zum neunten
Gesang des Inferno, wo die gefallenen
Engel Virgil und Dante, die Phlegias eben
widerwillig über den Styx gesetzt hat, den
Eingang in die Stadt der Feinde Gottes
verweigern. Auf dem Turm erscheinen die
wütenden, schlangenumgürteten Furien, den
Eindringlingen das Medusenhaupt entgegen=
haltend, vor deren Anblick der fürsorgende
Virgil mit beiden Händen den erschrockenen
Dante schützt. Unten treibt ein Engel, den
wir im Hintergrund noch einmal wie der
Sturmwind eiligen Schrittes durch flüch=
tende Teufel und Verdammte dahinfahren
sehen, die aufrührerischen Dämonen in den
Turm zurück, und unter seinem Schutz ge=
langen die kühnen Höllenfahrer in die fest=
ummauerte Stadt, wo wir sie zwischen den
glühenden Särgen einherschreiten sehen, in
denen die Ungläubigen und Ketzer die furcht=
bare Strafe erleiden. In ähnlicher Weise
werden fast auf jedem Blatt in gedrängter
Kürze die Hauptbegebenheiten eines Ge=
sanges geschildert, und überall bewundern
wir die Kunst der Perspektive, die uner=
müdliche Phantasie, die anatomischen Kennt=
nisse, welche Botticelli in der Darstellung
unzähliger Menschenleiber in jeder nur denk=
baren Stellung entwickelt. Um aus dem
vielen nur noch ein letztes hervorzuheben!
Welch eine Sicherheit und Schönheit der
Zeichnung offenbart sich in den sechs mäch=
tigen Giganten, die an der Mündung des
Brunnens vor dem letzten Kreise Wache
halten, unter denen der Gefesselte links
mit dem Schnurrbart und der Kette um
den Hals sich so deutlich als eine Re=
miniscenz an den sterbenden Fechter im
Kapitolinischen Museum kundgibt (Abb. 83).
Antäus, allein ungefesselt, hat Virgil
und Dante mit der Rechten erfaßt und
in kühner Verkürzung sich bückend, läßt er
die beiden in den Grund der Hölle hinab,
wo die Verräter in vier Abteilungen im
Eise erstarren und Satan selber in qual=

vollem Hunger die Verdammten verschlingt.
Wie weit Botticelli in seinen Dantezeich=
nungen selbst die größten Meister seiner
Zeit überragte, lehrt ein Vergleich mit den
im Jahre 1502 vollendeten grau in grau
ausgeführten Sockelfresken der S. Brizio=
Kapelle im Dom von Orvieto, wo Luca
Signorelli in elf kleinen Rundbildern die
ersten elf Gesänge des Purgatorio illustriert
hat. Signorelli muß sich schon des be=
schränkten Raumes wegen begnügen, aus
den wechselnden Bildern eines jeden Ge=
sanges ein einziges auszuwählen, das, aus
dem Zusammenhang herausgerissen, nicht
einmal immer leicht gedeutet werden kann.
Er schildert z. B. als Illustration zum
ersten Gesang den knieenden Dante vor
Cato in felsiger Landschaft, während Botti=
celli, begierig, durch sein eigenes Wissen dem
Leser das Verständnis Dantes zu erleichtern,
mit leichter Hand einen vollständigen Orien=
tierungsplan des Läuterungsberges ent=
wirft, der sich nach des Dichters Auffassung
auf der Erdoberfläche entgegengesetzten
Seite, Jerusalem gerade gegenüber, aus der
blauen Meeresflut erhebt (Abb. 84). Sämt=
liche dreiunddreißig Illustrationen zum Pur=
gatorium sind erhalten, bis auf den achten
Gesang, der nur mit dem Stift angedeutet ist,
fast alle vollständig mit der Feder ausgeführt;
und so begleiten wir die Dichter Schritt
für Schritt auf dem beschwerlichen Aufstieg
des steilen Berges, wo die gewaltsam Ge=
töteten und die säumigen Sünder des Ein=
lasses in die Pforte des Läuterungsortes
harren. Die Illustrationen zum neunten
Gesang (Abb. 85), wo ein Adler den träu=
menden Dante bis zum Mauerkreis des
Purgatoriums emporträgt und ein Engel
mit flammendem Schwert dem Knieenden
die sieben P. auf die Stirn schreibt, zum
zwölften Abschnitt, dem Kreise des Hoch=
mütigen, wo ein Engel sich zum Führer er=
bietet und den Dichter mit derselben Innig=
keit umarmt, wie die Engel die Dominikaner=
mönche auf der Anbetung vom Jahre 1500,
zum siebenundzwanzigsten Gesange endlich,
wo Virgil den zögernden Dante überredet,
auf Geheiß des Engels die Flammen zu
durchschreiten, in denen die Wollüstigen
büßen und den ganz geheiligten Dichter
mit dem Lorbeer krönt, ehe er ihn seiner
Führung entläßt — diese drei Blätter sind
vielleicht die herrlichsten unter den Schil=

derungen aus dem ersten Teil des Purga
toriums. Sie werden nur noch durch den
poetischen Zauber der letzten Gesänge übertroffen, wo durch den Künstler das Dichter-
wort zur That geworden ist, wo Botticelli
mit peinlicher Treue an den Text der Dichtung sich anlehnend, doch Visionen seines
eigenen Geistes verkörpert zu haben scheint.

Zum ersten- und letztenmal in der ganzen
Bilderreihe, die Hölle und Fegefeuer illustriert, ist im 30. Gesang des Purgatorio,
wo das Wiedersehen von Beatrice und Dante
geschildert wird, auf der ganzen Pergament-
fläche nur ein einziger Vorgang dargestellt,
und doch ist dieses Blatt das figurenreichste
der ganzen Folge (Abb. 86). Auf dem von
einem Greifen gezogenen Triumphwagen der
Kirche, an dessen vier Ecken die vier Evan-
gelistensymbole sichtbar werden, thront Beatrice, in weiße Schleier gehüllt, das Haupt
mit einem Ölzweig bekränzt, von zahllosen
Engeln umringt, welche Rosen durch die
Lüfte streuen. Sieben Himmelsboten sind
mit den sieben Leuchtern der Offenbarung
vorausgeeilt, ihnen folgen vierundzwanzig
Älteste mit erhobenen Büchern, alle rückwärts gewandt nach dem Wagen der Kirche,
an dessen Rädern die drei geistlichen und

die vier weltlichen Tugenden einhertanzen,
dem die beiden Apostelfürsten, die vier
Kirchenväter und als letzter „zwar schla-
fend, doch mit sinnigem Antlitz" der Evangelist Johannes folgen. Dante steht allein
mit Statius am anderen Ufer des Lethe-
flusses; der heißersehnte Anblick Beatrices
hat in ihm die Glut der alten Liebe aufs
neue angefacht, aber von Reueschmerzen
ganz durchdrungen, senkt er beschämt das
Haupt, als ihm die Freundin mit herben
Worten die Schuld vergangener Tage ins
Gedächtnis zurückruft. Erst nachdem er,
wie auf dem nächsten Blatt mit höchster
Anmut geschildert wird, von Beatrice selbst
in das reinigende Wasser des Flusses ge-
taucht ist, nachdem ihn die vier Kardinaltugenden in die Mitte genommen, ent-
schwindet dem Dichter die schmerzliche Erinnerung seiner Sünden, und durch ein
zweites Bad geheiligt und gestärkt, ist er
nun endlich „rein und bereit zum Aufflug
nach den Sternen."

Gleich in der Illustration zum ersten
Gesang des Paradieses verzichtet Botticelli
darauf, dem Leser der göttlichen Komödie
durch das Bild das Verständnis des Textes
zu erleichtern; er schickt nicht mehr wie bei

Abb. 86. Dante. Purgatorio I.

den Zeichnungen zu Hölle und Fegefeuer
einen Übersichtsplan voraus, wie ihn doch
Beatrice selber gleich in den beiden ersten Gesängen ausführlich entwickelt, sondern ganz
der eigenen Eingebung folgend, begnügt er
sich, Dante und seine Führerin darzustellen,
wie sie, von seliger Sehnsucht getragen,
über den letzten Kreis des Purgatorio zum
Himmel emporschweben (Abb. 87). Auch
hier fesselt uns mit geheimnisvollem Zauber
die edle Einfalt der tief beseelten Schilderung. Die strahlenden Augen weitgeöffnet
der Sonne entgegengerichtet, schwebt das

galt, des Paradieses heilige Geheimnisse
dem menschlichen Auge zu offenbaren, wußte
er keinen Rat, wie aus dem verschieden-
artigen, oft abstrakten Inhalt der einzelnen
Gesänge konkrete Züge herauszugreifen
seien, gaben schon die Anzeichen des müden
Alters, des nahenden Todes sich kund und
trieb es den Meister, das Werk zu ver-
einfachen, um es vollenden zu können?
Jedenfalls äußert sich in der einfachen,
aber mit unendlicher Mannigfaltigkeit in
Mienen und Gebärden immer neu ersun-
nenen Gruppe von Beatrice und Dante

Abb. 85. Dante. Purgatorio IX

Paar durch die schlanken fast blätterleeren
Bäume empor, wie sie mühsam oben auf
den Bergeshöhen gedeihen, Beatrice mächtig vorwärts strebend voran, den lorbeer-
gekrönten Dante nach sich ziehend, der mit
schüchternem Entzücken zum erstenmal des
Äthers reine Lüfte trinkt.

    Man kann Botticelli den Vorwurf einer
gewissen Monotonie nicht ersparen, wenn er
sich in den ersten achtundzwanzig Gesängen
des Paradieses in der Hauptsache begnügt,
Dante und Beatrice allein auf ihrer Wan-
derung durch die sieben Planeten und durch
den Fixsternhimmel zu schildern. Fühlte
er seine Gestaltungskraft erlahmen, wo es

ein ebenso tiefgehendes Studium der „heiligen Dichtung," wie es sich durch die sorg-
fältigste Beobachtung des Buchstabens in
Inferno und Purgatorio offenbart. Läßt
sich doch jede Bewegung, jedes Mienenspiel
der beiden durch einen Vers des entsprechenden Gesanges belegen. Bald schreiten sie
ruhig nebeneinander her und Beatrice er-
klärt dem horchenden Freunde die wechselnden Wunder, die sein Auge schaut, die un-
ergründlichen Geheimnisse, die sein Verstand nicht fassen kann. Bald sehen wir,
wie sie den Zweifelnden stärkt, den Zagen
den tröstet, den Fallenden aufrichtet und
den Erblindeten der wiederkehrenden Seh-

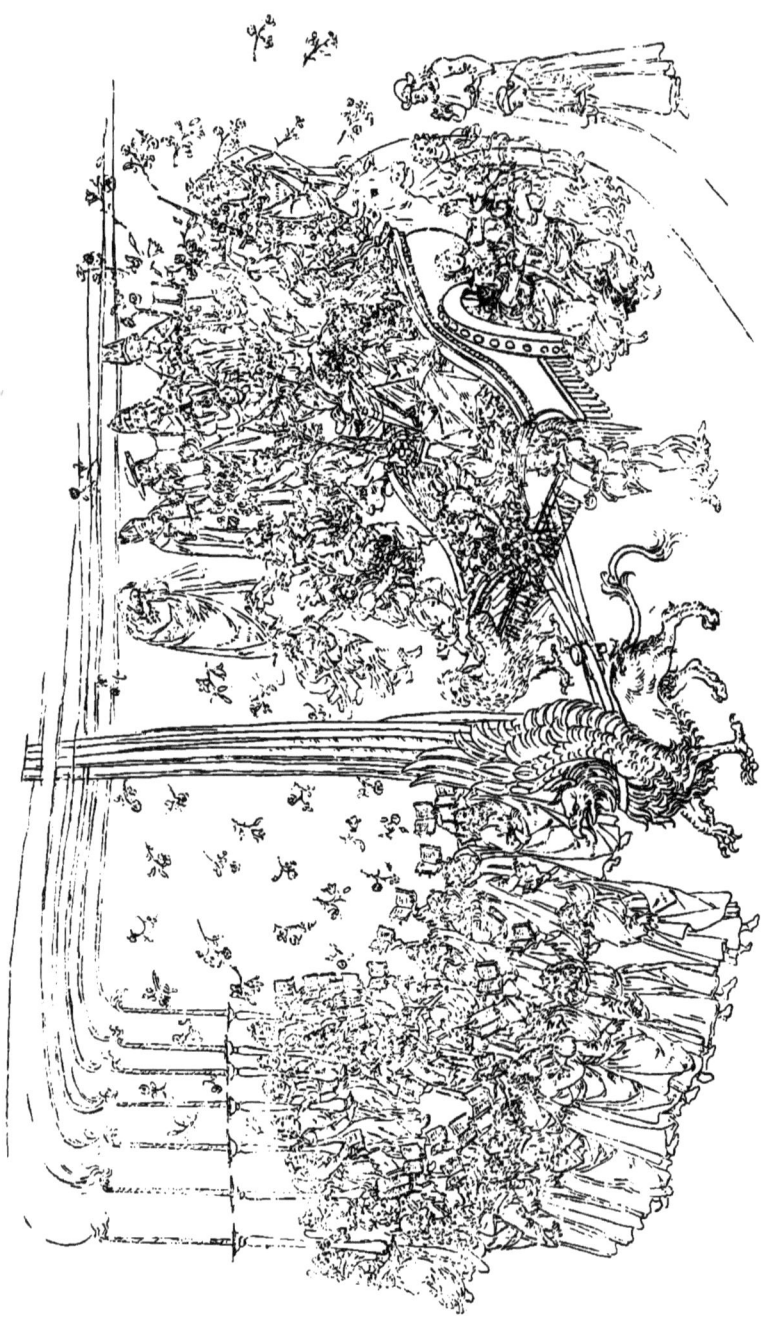

kraft versichert. Mit prophetischem Geist errät sie seine Fragen, bevor er sie geäußert, mit sanftem Tadel weist sie ihn zurecht, und selbst von göttlicher Sehnsucht emporgetragen, beseelt sie endlich das von tausend Empfindungen zerrissene Herz des Dichters mit dem reinen Feuer der eigenen Liebesglut. Welch eine hinreißende Schönheit der Zeichnung, welch ein Adel der Empfindung offenbart sich z. B. in der Illustration des siebenten Gesanges, wo Beatrice und Dante in der Sphäre des Merkur erscheinen, von unzähligen durch celli, an den Text der Gesänge sich anlehnend, hier noch einmal Kompositionen im großen Stile geplant hat. Die Pergamentblätter für den 31. Gesang wie für den 33., sind völlig frei geblieben, die Kompositionen zum 32. ist in großen Zügen angedeutet als ein mächtiger Felskegel, auf deren Höhe Christus und die Madonna thronen, und nur die Zeichnungen 28—30 lassen die Absichten des Künstlers mit Bestimmtheit erkennen. Die figurenreiche Illustration des 28. Gesanges ist fast ganz vollendet und erregt überdies durch ein

Abb. 87. Dante, Paradiso I

Feuerflammen symbolisierten Geistern umkreist (Abb. 89). Hier steht der zweifelnde Dichter demütig gebeugten Hauptes vor jener, deren Name schon sein großes Herz in Furcht und Liebe erbeben machte, und sie, mit allen Reizen der Jugend geschmückt, belehrt den alt gewordenen Denker, zustrahlend ihm ein Lächeln, „darob man selbst im Feuer glücklich würde," mit sanften Worten über den Grund der Kreuzigung Christi, über die Unsterblichkeit der Seele und über die Auferstehung der Toten.

Es erhellt aus den letzten Zeichnungen zum Paradiese, die alle unvollendet, zum Teil nur flüchtig skizziert sind, daß Botti- interessantes Detail besondere Aufmerksamkeit (Abb. 88). Dante und Beatrice erscheinen in der höchsten Himmelsphäre von den dreimal drei Ordnungen der Engel umringt, die an der Grenze des Geschaffenen in unmittelbarer Nähe der Gegenwart Gottes die Allmacht des Höchsten in ewigen Lobgesängen preisen. Links in der untersten Reihe der Engel, die Botticelli noch einmal mit all der poetischen Schönheit, all der begeisterten Hingabe jugendlicher Unschuld geschmückt hat, die nur er den Boten Gottes einzuflößen verstand, erscheint ein Engel, der eine Tafel mit dem feingeschriebenen Namen des Künstlers emporhält: Sandro

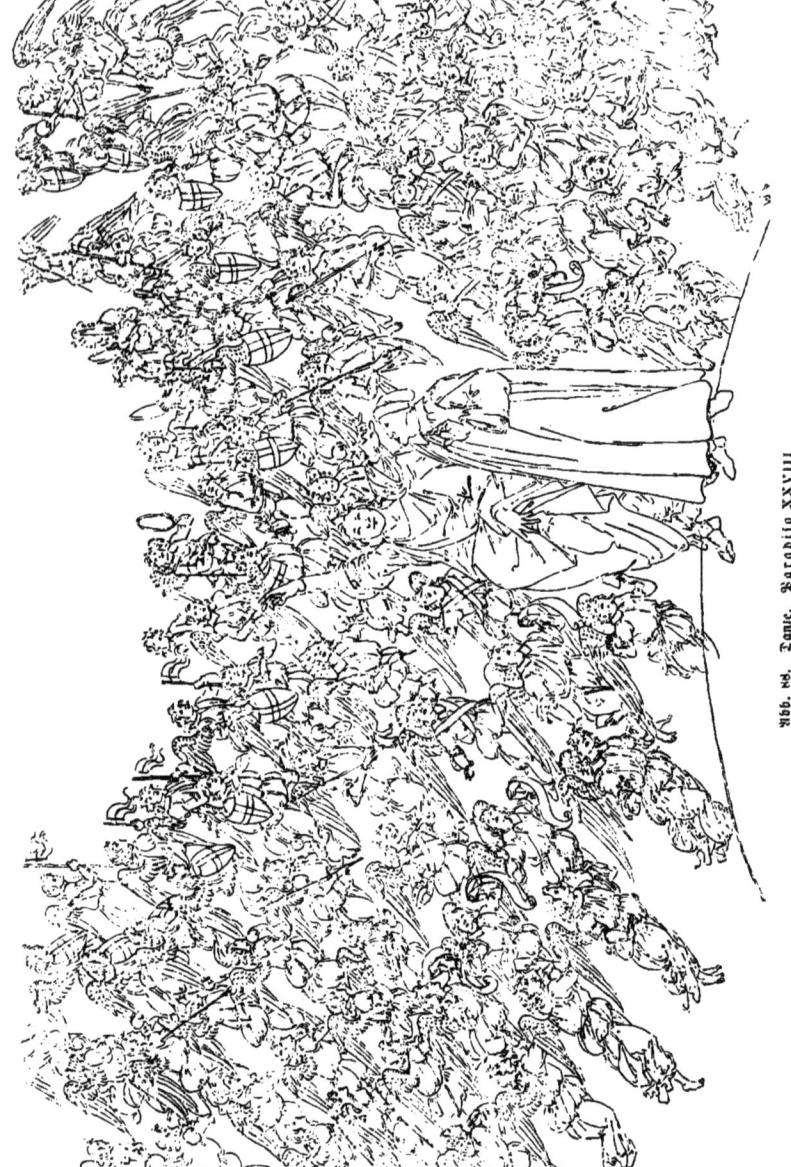

Abb. 68. Tanz. Parabolo XXVIII.

Abb. 89. Dante. Paradiso VII.

di Mariano. Wollte sich der Meister durch diese Aufschrift die Autorschaft seines Werkes auch bei der Nachwelt sichern, wollte er in der Vorahnung nahenden Todes so seiner Hoffnung Ausdruck geben, einst im Himmel unter der Schar seliger Engel die Allmacht Gottes preisen zu dürfen? Die Unsicherheit der Entstehungszeit der Dante-Illustration, die auch hier nur vermutungsweise gelöst werden konnte, heißt uns auf solche Fragen die Antwort schuldig bleiben.

Es bleibt ja so vieles Geheimnis in dem bescheidenen Dasein Sandro Botticellis, und vollends die letzten Jahre seines Lebens verschwinden vor unserem Blick wie ferne Bergeshöhen in dunstersülltem Horizont. Im Jahre 1503 gibt er noch mit einigen anderen „Alten" ein Gutachten ab, wo des

jungen Michelangelo David aufzustellen sei; an einem Maitag, im Jahre 1510, hat man ihn in der Kirche Ognisanti, wo heute noch der heilige Augustin seinen Ruhm verkündet, in der Familiengruft der Filippi zur Ruhe gebracht.

Mancherlei Legenden woben die erfindungsreichen Florentiner um die Gestalt des liebenswürdigen Künstlers, in welchen sich die harmlosen Scherze frohsinniger Jugend, die rastlosen Thaten eines nicht minder sorglosen Mannesalters, die bitteren Erfahrungen endlich eines einsamen Alters deutlich wiederspiegeln. Und doch ist Botticelli, als Künstler eine der greifbarsten Individualitäten der Renaissance, als Mensch der Nachwelt ein großer Unbekannter geblieben, dessen mit dem Stempel des Genies gezeichnete Schöpfungen allein die geniale Persönlichkeit verraten. Und in solch poetischem Dämmerlicht, das wohl die Phantasie, nicht aber die Wissenschaft erleuchten kann, lassen wir ihn gern zurück.

„Ihr wollt mir das Herz meines Geheimnisses entreißen?" fragt Hamlet seine allzu wißbegierigen Freunde Rosencranz und Guildenstern. „Glaubt mir, es ist viel Musik in dem kleinen Mechanismus meines Körpers und eine herrliche Stimme."

Verzeichnis der besprochenen Werke Sandro Botticellis.

Bergamo. Galerie Morelli.
    Porträt des Giuliano de' Medici.
Berlin. Museum. Der heilige Sebastian.
    Madonna mit Johannes dem Täufer und Johannes dem Evangelisten
    Madonna mit den sieben leuchtertragenden Engeln.
    Porträt des Giuliano de' Medici.
    Venus.
Dresden. Galerie.
    Scenen aus dem Leben des heil. Zenobius.
Florenz. Uffizien. Fortezza.
    Judith mit dem Haupt des Holofernes.
    Auffindung des Leichnams des Holofernes.
    Das Magnifikat.
    Madonna mit dem segnenden Kinde und den Engeln.
    Anbetung der Könige (übermalt).
    Anbetung der Könige mit den Porträts der Medici.
    Geburt der Venus.
    Die Verleumdung des Apelles.
    Die Verkündigung.
    Der heilige Augustin.
    Galerie Corsini. Madonna.
    Spital der Innocenti. Madonna.
    Spital von S. Maria Nuova.
    Madonna mit Engeln.
    Akademie. Thronende Madonna mit Heiligen (übermalt).
    Krönung Marias.
    Thronende Madonna unter dem Baldachin.
    La Primavera.

Palazzo Pitti. Maria mit Kind und Giovannino.
    Pallas den Centauren züchtigend.
    Ognisanti. Der heilige Augustin.
Frankfurt a M. Städelsches Institut.
    Weibliches Bildnis.
London. Nationalgalerie. Madonna.
    Die Geburt Christi, bez. 1500.
    Anbetung der Könige.
    Venus und Mars.
    Himmelfahrt Mariä.
Mailand. Museo Poldi-Pezzoli. Madonna.
    Beweinung Christi.
München. Pinakothek.
    Grablegung Christi.
Neapel. Museum. Madonna.
Paris. Louvre. Madonna mit dem Giovannino.
    Fresken aus der Villa Lemmi.
Petersburg. Ermitage. Anbetung der Könige.
Rom. Galerie des Fürsten Chigi.
    Madonna mit einem Engelknaben.
    Galerie des Fürsten Pallavicini.
    Madonna mit Engeln.
    Die Verstoßene.
    Sixtinische Kapelle. Papstporträts.
    Das Reinigungsopfer des Aussätzigen.
    Die Jugendgeschichte des Moses.
    Die Bestrafung der Rotte Korah.
Turin. Pinakothek.
    Maria das Kind säugend.
Wien. Akademie.
    Madonna mit zwei Engeln.

Inhaltsübersicht.

Seite
I. Die Jugend. Das Madonnenbild . . . 3
II. Die Thätigkeit in der Sixtinischen Kapelle . 37
III. Im Dienst der Medici 62
IV. Savonarola. Dante. Das Ende . 85